Shaun das Schaf
Mein Kochbuch
Pizza, Pasta & Co

SHAUNKOST AL DENTE

© and TM Aardman Animations Limited Ltd. 2009.
All rights reserved
Shaun the Sheep (word mark) and the
characters Shaun the Sheep

© and TM Aardman Animations limited.
Licensed by WDR mediagroup licensing GmbH.
www.shaunthesheep.com

© KOMET Verlag GmbH, Köln
www.komet-verlag.de
Gesamtherstellung: KOMET Verlag GmbH, Köln
ISBN 978-3-89836-960-2

Inhalt

Dolce vita mit Antipasti

Bruschetta	10
Parmaschinken mit Melone	12
Crostini mit Hühnerleber	14
Insalata Caprese	16
Carpaccio	18
Marinierte Sardinenfilets	20

Zuppa - für alle!

Zuppa di zucchini	24
Minestrone aus Mailand	26
Zwiebelsuppe	28
Zuppa di fagioli alla fiorentina	30
Bohnensuppe mit Pasta	32
Frittatensuppe	34
Steinpilzcremesuppe	36
Wilde Knoblauchcremesuppe	38

Pasta - al dente

Spaghetti alla Bolognese	42
Tortellini ai funghi	44
Ravioli di carne e spinaci	46
Lasagne	48
Cannelloni	50
Rigatoni al pesto	52
Nudeln mit grünem Spargel	54

Risotto & Polenta

Risotto Mailänder Art	58
Risotto nero	60
Risotto mit Trüffeln	62
Polenta mit zwei Saucen	64
Überbackene Polenta	66

Pizza & Torta

Pizza Capricciosa	70
Pizza frutti di mare	72
Zwiebelpizza	74
Käsepizza	76
Spargelkuchen	78
Käse-Schinken-Torte	80
Mangoldkuchen	82
Spinat in Blätterteig	84
Lauchkuchen	86

Il pesce

Goldbrasse mit Zwiebeln	90
Überbackene Seezungenfilets	92
Seebarsch mit Olivensauce	94
Stockfischpfanne	96
Rotbarben mit Pancetta	98
Gegrillter Thunfisch mit Sardellen	100
Gefüllte Forellen	102
Aal mit Rosinen	104
Langustenschwänze	106
Gegrillte Miesmuscheln	108
Gefüllte Tintenfische	110
Fischeintopf	112
Goldbrassenfilet	114
Gefüllte Muscheln	116
Langusten mit Avocado	118
Dorschschnitten	120

Süßes

Zuppa Inglese	124
Gefüllte Nektarinen	126
Gnocchi mit Trauben	128
Espresso-Creme	130
Zabaione	132
Ricottaeis	134
Maronenmousse	136
Panna Cotta	138
Tiramisú	140
Gefüllte Feigen	142
Register	144

„Was könnte ich heute nur machen?

Buongiorno und willkommen in meinem neuen
Kochbuch! Heute wird's italienisch. Kann
man besonders gut zuhause
Nachkochen. Ich husche gleich mal
wieder in die Küche des Farm-
ers, er liegt gerade in der
Sonne hinter dem Haus, am
„Pool" und träumt wahrschein-
lich von einem köstlichen
gelato. Ich dagegen
werde erst einmal mit
Antipasti beginnen,
das sind kleine
leckere Vorspeisen,
dann gibt's *zuppa*,
das sind Suppen, hört sich
ja auch ziemlich ähnlich an,
dann claro, überrasche ich
euch mit coolen Pasta-, Risotto-
und Pizza-Rezepten. Ja, ja
wegen einer Pizza muss man
nicht unbedingt in die Pizzeria,
das habe ich letztens ja mit der
Herde versucht, aber die Dame im
Laden war nicht sooo begeistert – ihr
kennt die Episode …? Prego!
Also, buon appetito! Und arrivederci!

8

Für 4 Portionen

2 Knoblauchzehen
2 Fleischtomaten
Salz
Pfeffer
1/2 Bund Basilikum
8 Scheiben Weißbrot oder Baguette
6 El Olivenöl

Zubereitungszeit 25 Minuten
(plus Backzeit)
Pro Portion ca. 178 kcal/749 kJ
3 g E * 10 g F * 20 g KH

Dolce vita mit Antipasti

Bruschetta

Den Backofengrill auf 200 °C (Umluft 180 °C) vorheizen. Die **Knoblauchzehen** schälen. Die **Fleischtomaten** waschen, halbieren, von Stielansätzen und Kernen befreien und in kleine Würfel schneiden.

Die Tomatenwürfel mit **Salz** und **Pfeffer** würzen. Das **Basilikum** waschen, trockenschütteln und die Blättchen von den Stängeln zupfen. Blättchen in Streifen schneiden und mit den Tomatenwürfeln mischen.

Die **Brotscheiben** im Ofen unter dem Grill von beiden Seiten goldbraun backen. Dann herausnehmen und mit den Knoblauchzehen gut einreiben. Das **Olivenöl** über die Brote träufeln und die Tomatenmasse darauf verteilen.

Dolce vita mit Antipasti

Die **Melone** halbieren, die Kerne mit einem Löffel entfernen, die Melone schälen und in dünne Spalten schneiden. Melonenspalten und **Schinkenscheiben** dekorativ auf Tellern anrichten. Die **Tomaten** heiß überbrühen, häuten und von den Stielansätzen befreien. Tomaten entkernen und fein würfeln. Die **Kräuter** waschen, trockenschütteln, **Basilikum** von den Stängeln zupfen und alles hacken. **Olivenöl** mit **Essig**, **Tomaten** und **Kräutern** zu einer Marinade verrühren, mit **Salz** und **Pfeffer** abschmecken. Marinade über den Schinken geben und servieren.

Crostini mit Hühnerleber

Die **Hühnerleber** fein hacken. Den **Schinken** in feine Würfel schneiden. Die **Zwiebel** fein hacken. Die **Salbeiblätter** waschen, trockenschütteln und in feine Streifen schneiden. 1 El **Öl** in einer Pfanne erhitzen und die Zwiebel darin andünsten. Leber mit dem Schinken und den Salbeistreifen zugeben und anbraten. Bei mittlerer Temperatur etwa 8 Minuten schmoren. Wein zugeben und alles noch einige Minuten weiterschmoren, bis die Flüssigkeit verkocht ist. Mit **Salz** und **Pfeffer** abschmecken. Das restliche Öl in einer zweiten Pfanne erhitzen und die **Brotscheiben** darin von beiden Seiten knusprig rösten. Das Brot mit der Leberfarce bestreichen und servieren.

14

Dolce vita mit Antipasti

Für 4 Portionen

150 g Hühnerleber
1 Scheibe roher Schinken, luftgetrocknet
1/2 Zwiebel
4 Salbeiblätter
4 El Olivenöl
2 El trockener Weißwein
Salz, Pfeffer
8 Scheiben Weißbrot

Zubereitungszeit 15 Minuten
(plus Schmor- und Röstzeit)
Pro Portion ca. 252 kcal/1060 kJ
10 g E * 14 g F * 16 g KH

Dolce vita mit Antipasti

Die **Tomaten** waschen, die Stielansätze entfernen und die Tomaten in Scheiben schneiden. Den **Mozzarella** abtropfen lassen und ebenfalls in Scheiben schneiden. Das **Basilikum** waschen, trockenschütteln und die Blättchen von den Stängeln zupfen.
Tomaten und Mozzarella abwechselnd auf einer großen Platte anrichten und die Mozzarellascheiben je mit einem Basilikumblatt belegen. Den Salat mit **Salz** und frisch gemahlenem schwarzen **Pfeffer** würzen. Das **Olivenöl** darüber träufeln.

Carpaccio

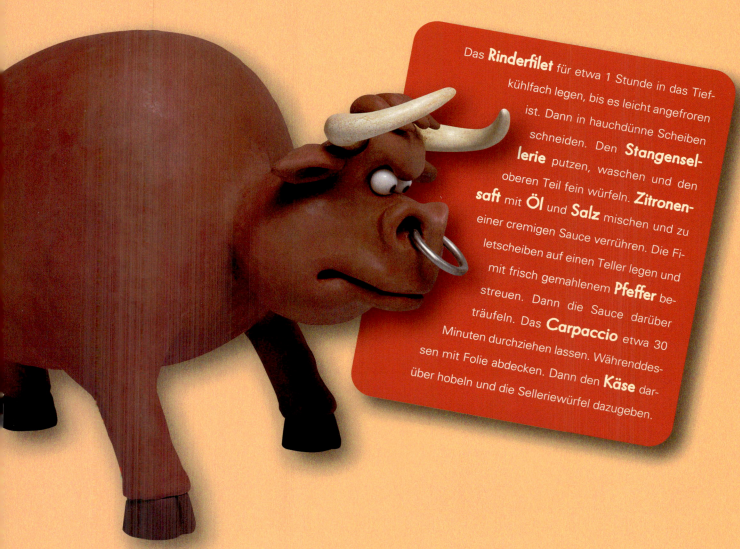

Das **Rinderfilet** für etwa 1 Stunde in das Tiefkühlfach legen, bis es leicht angefroren ist. Dann in hauchdünne Scheiben schneiden. Den **Stangensellerie** putzen, waschen und den oberen Teil fein würfeln. **Zitronensaft** mit **Öl** und **Salz** mischen und zu einer cremigen Sauce verrühren. Die Filetscheiben auf einen Teller legen und mit frisch gemahlenem **Pfeffer** bestreuen. Dann die Sauce darüber träufeln. Das **Carpaccio** etwa 30 Minuten durchziehen lassen. Währenddessen mit Folie abdecken. Dann den **Käse** darüber hobeln und die Selleriewürfel dazugeben.

Dolce vita mit Antipasti

Für 4 Portionen

300 g Rinderfilet ohne Fett und Sehnen

1 Stangensellerie

2 El Zitronensaft

6 El Olivenöl

Salz

Pfeffer

50 g Parmesan oder Grana Padano

Zubereitungszeit 20 Minuten
(plus Gefrier- und Marinierzeit)
Pro Portion ca. 260 kcal/1092 kJ
19 g E ∗ 19 g F ∗ 2 g KH

Dolce vita mit Antipasti

Marinierte Sardinenfilets

Die **Fische** waschen, schuppen, Kopf und Schwanz entfernen. Die Hauptgräte vorsichtig herauslösen, dann die Fischfilets mit einem scharfen Messer herausschneiden. Die Filets gut waschen, trockentupfen und auf einer Platte anrichten.

Die **Zitronen** auspressen und den Saft über die **Sardinen** gießen. Filets mit Folie abdecken und mindestens 12 Stunden marinieren lassen.

Das Öl mit etwas **Salz** und **Pfeffer** in einem Schälchen mischen und gut verrühren.

Die Sardinen aus dem Zitronensaft nehmen und auf einer Servierplatte anrichten. Mit der Ölmischung beträufeln. Mit der **Petersilie** bestreuen und servieren. Dazu frisches **Weißbrot** reichen.

Zuppa di zucchini

Für 4 Portionen

500 g Zucchini

1 Zwiebel

1 Knoblauchzehe

2 EL Olivenöl

600 ml Gemüsebrühe

Salz, Pfeffer

1/4 TL Cayennepfeffer

50 ml trockener Weißwein

150 g Sahne

2 EL Basilikumblättchen

Zubereitungszeit 25 Minuten
(plus Garzeit)
Pro Portion ca. 310 kcal/1302 kJ
8 g E * 22 g F * 19 g KH

Zuppa - für alle!

Die **Zucchini** putzen, waschen und grob zerkleinern. **Zwiebel** und **Knoblauch** schälen und fein hacken. Das **Öl** in einem Topf erhitzen und die Zwiebeln darin andünsten. **Knoblauch** und Zucchini zugeben und alles etwa 3 Minuten unter Rühren dünsten.

Mit **Brühe** auffüllen und mit **Salz**, **Pfeffer** und **Cayennepfeffer** würzen. Abgedeckt etwa 25 Minuten köcheln, dann **Wein** und **Sahne** zugeben, kurz aufkochen lassen und die Suppe pürieren.

Die **Basilikumblättchen** waschen, trocknen und in feine Streifen schneiden. Die Suppe auf Teller verteilen und mit **Basilikum** bestreut servieren.

Minestrone aus Mailand

Das Gemüse putzen, waschen und klein schneiden. Die **Zwiebel** und die **Kartoffeln** schälen und würfeln. Den **Porree** in Ringe schneiden. Den **Wirsing** in Blätter teilen und diese in Stücke schneiden. Den **Bauchspeck** in Scheiben und anschließend in kleine Würfel schneiden.

Die **Butter** in einem großen Topf erhitzen und die **Speckwürfel** darin auslassen. **Zwiebel** und **Porree** zugeben und einige Minuten dünsten. Restliches **Gemüse**, **Bohnen**, **Erbsen** und **Tomaten aus der Dose** mit Flüssigkeit zugeben. Alles mit **Salz** und **Pfeffer** würzen und unter Rühren etwa 5 Minuten schmoren.

Die Mischung mit 2 l Wasser auffüllen, aufkochen lassen und abgedeckt etwa 45 Minuten köcheln lassen. Nun die Suppe aufkochen und den **Reis** unterrühren. Suppe erneut aufkochen und anschließend weitere 15 Minuten köcheln, bis der **Reis** gar ist. **Knoblauch** schälen, fein hacken und zugeben. Minestrone auf Teller verteilen und mit den **Kräutern** und geriebenem **Parmesan** bestreuen.

Zuppa - für alle!

Für 4 Portionen

50 g frische dicke Bohnen (ohne Hülsen)
150 g frische Erbsen (ohne Hülsen)
200 g Möhren
200 g Zucchini
1 Zwiebel
200 g Kartoffeln
1 Stange Porree
1 Stange Staudensellerie
200 g Wirsing
50 g Bauchspeck
3 El Butter
200 g geschälte Tomaten (aus der Dose)
Salz
200 g Reis
1 Knoblauchzehe
1 El gehackte Petersilie
1 El gehackter Oregano
frisch geriebener Parmesan nach Geschmack

Zubereitungszeit 50 Minuten (plus Garzeit)
Pro Portion ca. 725 kcal/3045 kJ
16 g E * 46 g F * 62 g KH

27

Zwiebelsuppe

Die **Frühlingszwiebeln** putzen, waschen und in Ringe schneiden. Die **Chilischote** putzen, waschen, entkernen und fein hacken. **Knoblauch** schälen und mit etwas **Salz** zerdrücken.

Das **Butterschmalz** in einem großen Topf erhitzen und die **Zwiebeln** darin andünsten. **Chili** und **Knoblauch** zugeben und alles etwa 5 Minuten unter Rühren schmoren. **Weißwein** und **Brühe** angießen und mit **Salz, Pfeffer** und **Zucker** abschmecken.

Den **Majoran** in die Suppe rühren und diese abgedeckt etwa 15–20 Minuten köcheln.

Das **Weißbrot** in Würfel schneiden und im heißen **Olivenöl** goldbraun rösten. Die **Zwiebelsuppe** auf 4 Teller verteilen und mit den **Brotwürfeln** und geriebenem **Pecorino** bestreut servieren.

Zuppa - für alle!

Für 4 Portionen

500 g Frühlingszwiebeln

1 rote Chilischote

2 Knoblauchzehen

3 El Butterschmalz

Salz

250 ml trockener Weißwein

750 ml Gemüsebrühe

Pfeffer

1 Prise Zucker

2 El frisch gehacktes Majoran

3 Scheiben Weißbrot

3 El Olivenöl

4 El frisch geriebener Pecorino

Zubereitungszeit 25 Minuten
(plus Schmor- und Garzeit)
Pro Portion ca. 488 kcal/2048 kJ
9 g E * 37 g F * 19 g KH

Zuppa di fagioli alla fiorentina

Für 4 Portionen

300 g weiße Bohnen

1 l Hühnerbrühe

2 Zwiebeln

2 Knoblauchzehen

1 Möhre

1 Stangensellerie

1 Stange Porree

1 Zweig Rosmarin

1 kleine rote Chilischote

100 ml Olivenöl

Salz

Pfeffer

4 Weißbrotscheiben

40 g frisch geriebener Parmesan

Zubereitungszeit 30 Minuten
(plus Einweich-, Schmor- und Garzeit)
Pro Portion ca. 407 kcal/1711 kJ
25 g E * 12 g F * 24 g KH

Zuppa - für alle!

Die **Bohnen** über Nacht in reichlich Wasser einweichen. Am nächsten Tag abgießen, mit der Hühnerbrühe und 500 ml Wasser auffüllen. 1 **Zwiebel** und 1 **Knoblauchzehe** schälen und hacken. Das **Gemüse** putzen, waschen und in Würfel schneiden. **Rosmarin** von den Stängeln zupfen. **Chilischote** putzen, waschen, entkernen und fein hacken.

2 El **Olivenöl** in einem Topf erhitzen. **Zwiebel**, gehackten **Knoblauch** und **Gemüse** zugeben und anschmoren. Dann **Rosmarin** und gehackte **Chili** unter Rühren mitschmoren. Die **Bohnen** mit Flüssigkeit angießen und die Suppe abgedeckt etwa 1 Stunde bei mittlerer Temperatur garen, bis die **Bohnen** weich sind.

Die zweite **Knoblauchzehe** schälen und durch die Presse drücken. Mit dem restlichen **Öl** mischen. Die zweite **Zwiebel** schälen und in dünne Ringe schneiden. Den Backofen auf 200 °C (Umluft 180 °C) vorheizen.

Die Hälfte der Bohnensuppe aus dem Topf nehmen, pürieren und zurück in den Topf geben. Die Hälfte des **Knoblauch-Öls** untermischen.

Die Suppe in einen feuerfesten Topf füllen. Die Brotscheiben mit **Parmesan** bestreuen, mit dem restlichen **Knoblauch-Öl** beträufeln, mit **Zwiebelscheiben** belegen und mit dem restlichen **Parmesan** bestreuen. Die **Suppe** im Ofen etwa 20 Minuten überbacken.

Bohnensuppe mit Pasta

Die **Bohnen** über Nacht in reichlich kaltem Wasser einweichen. Den **Speck** in kleine Würfel schneiden. Das **Suppengemüse** putzen, waschen, nach Bedarf schälen und klein schneiden. Die **Zwiebeln** und den **Knoblauch** schälen und fein hacken.

Die **Kräuter** waschen und trockenschütteln, die **Thymianblättchen** von den Stängeln zupfen und mit den **Salbeiblättern** hacken.

Das **Olivenöl** in einem Topf erhitzen und den **Speck** darin anschwitzen. Die **Zwiebeln** und den **Knoblauch** hinzufügen und glasig schwitzen. Das **Suppengemüse** zugeben und für einige Minuten mitschwitzen.

Die **Bohnen** abgießen, abspülen und in den Topf geben. Die **Kräuter** und so viel Wasser zugeben, dass **Bohnen** und **Gemüse** bedeckt sind. Die Suppe aufkochen und etwa 1 Stunde köcheln. Inzwischen die **Penne** nach Packungsanweisung bissfest garen. Die Suppe großteils pürieren und mit **Salz** und **Pfeffer** abschmecken. Die Nudeln unterheben und mit **Petersilie** bestreut servieren.

32

Zuppa – für alle!

Für 4 Portionen

350 g Wachtelbohnen

100 g Bauchspeck

1 Bund Suppengemüse

2 rote Zwiebeln

2 Knoblauchzehen

1 Thymianzweig

3 Salbeiblätter

1 El Olivenöl

200 g Penne

Salz, Pfeffer

2 El frisch gehackte Petersilie

Zubereitungszeit ca. 30 Minuten
(plus Einweich-, Dünst- und Garzeit)
Pro Portion ca. 485 kcal/2037 kJ
13 g E * 26 g F * 47 g KH

Frittatensuppe

Die **Eier** und das **Eigelb** mit dem **Mehl** verrühren. Das **Mineralwasser** und die **Milch** hinzufügen und mit **Salz** und **Pfeffer** abschmecken. Aus den Zutaten einen glatten Teig rühren und 30 Minuten ruhen lassen. Die **Butter** in einer Pfanne erhitzen und aus dem Teig nach und nach goldbraune **Pfannkuchen** braten. Aus der Pfanne nehmen und auf Küchenpapier abtropfen lassen. Die **Pfannkuchen** zusammenrollen und in Streifen schneiden. Die **Brühe** in einem Topf erhitzen. Die **Pfannkuchenstreifen** auf Teller verteilen und mit der heißen **Brühe** übergießen. Mit **Muskat** abschmecken und mit **Schnittlauchröllchen** bestreuen.

Zuppa – für alle!

Für 4 Portionen

2 Eier

1 Eigelb

100 g Mehl

100 ml Mineralwasser

200 ml Milch

Salz, Pfeffer

2 El Butter

800 ml Fleischbrühe

frisch geriebene Muskatnuss

2 El frisch gehackter Schnittlauch

Zubereitungszeit: ca. 20 Minuten
(plus Zeit zum Ruhen und Braten)
Pro Portion ca. 220 kcal/924 kJ
9 g E * 11 g F * 20 g KH

Steinpilzcremesuppe

Die Pilze putzen, die Stielenden abschneiden, die Köpfe waschen und trockenreiben. Dann in Scheiben schneiden. Die Schalotten schälen und fein hacken.

Das Olivenöl in einem Topf erhitzen, die Schalotten darin glasig schwitzen. Die Pilze hinzufügen und unter Rühren mitschwitzen. Den Weißwein angießen und etwa 10 Minuten köcheln. Die Gemüsebrühe und 250 ml Wasser zugeben und die Suppe etwa 30 Minuten köcheln.

Mit dem Pürierstab die Pilze nicht zu klein pürieren. Die Suppe mit Salz und Pfeffer abschmecken, die Sahne zugießen und kurz erhitzen. Mit den Kräutern und Croûtons bestreut servieren.

Zuppa - für alle!

Für 4 Portionen

250 g frische Steinpilze

3 Schalotten

3 El Olivenöl

250 ml trockener Weißwein

250 ml Gemüsebrühe

Salz, Pfeffer

300 g Sahne

je 1 El frisch gehackte Petersilie und frisch gehackter Kerbel

4 El Croûtons

Zubereitungszeit ca. 25 Minuten (plus Kochzeit)
Pro Portion ca. 300 kcal/1260 kJ
4 g E ∗ 24 g F ∗ 5 g KH

Wilde Knoblauchcremesuppe

Für 4 Portionen
1 Zwiebel
3 Kartoffeln
2 El Butter
1 Bund wilder Knoblauch (Sprossen)
750 ml Gemüsebrühe
Salz, Pfeffer
125 g Sahne

Zubereitungszeit ca. 20 Minuten (plus Kochzeit)
Pro Portion ca. 169 kcal/709 kJ
2 g E * 13 g F * 9 g KH

Zuppa - für alle!

Die **Zwiebel** und die **Kartoffeln** schälen und in kleine Würfel schneiden. Die **Butter** in einem Topf erhitzen und die **Zwiebel** darin glasig schwitzen. Die **Kartoffeln** hinzufügen und unter Rühren anbraten. Die **Knoblauchsprossen** waschen, trockenschütteln und hacken. Zu der **Zwiebel-Kartoffel-Mischung** geben und anschwitzen. Die **Brühe** angießen und die Suppe etwa 40 Minuten köcheln. Dann pürieren. Die Suppe mit **Salz** und **Pfeffer** abschmecken und mit der **Sahne** verfeinern. Mit einem Klecks geschlagener **Sahne** servieren.

40

Für 4 Portionen

1 Zwiebel

1 Knoblauchzehe

1 Möhre

50 g Bauchspeck

100 g Hühnerleber

2 El Olivenöl

250 g gemischtes Hackfleisch

125 ml trockener Weißwein

125 ml Fleischbrühe

400 g Tomaten (aus der Dose)

Salz

Pfeffer

1/4 Tl getrockneter Oregano

1/4 Tl getrockneter Thymian

400 g Spaghetti

50 g frisch geriebener Parmesan

Zubereitungszeit 20 Minuten
(plus Schmor- und Garzeit)
Pro Portion ca. 847 kcal/3560 kJ
15 g E * 38 g F * 79 g KH

Pasta - al dente

Spaghetti alla Bolognese

Die **Zwiebel** und den **Knoblauch** schälen und fein hacken. **Möhre** schälen und wie den **Speck** würfeln. Die **Leber** klein schneiden. Das **Olivenöl** in einer Pfanne erhitzen und Zwiebel sowie Knoblauch und Speck darin anbraten. Das **Hackfleisch** und die Leber zugeben und 5–6 Minuten kräftig mitschmoren. Den **Wein** und die **Brühe** in die Pfanne gießen und etwas einkochen lassen. Die **Tomaten** in einem Sieb abtropfen lassen, Tomaten zum Fleisch geben und gut unterrühren. Mit **Salz**, **Pfeffer** und den getrockneten **Kräutern** würzen und alles etwa 45 Minuten bei mittlerer Temperatur köcheln lassen.
Inzwischen die **Spaghetti** in reichlich kochendem Salzwasser bissfest garen. Die Spaghetti mit der **Fleischsauce** auf Tellern anrichten und mit **Parmesan** servieren.

Das **Mehl** in eine Schüssel sieben und in die Mitte eine Mulde drücken. Die **Eier** und 1/2 Tl **Salz** hineingeben und alles von außen nach innen verrühren. 1 El **Öl** zugeben und die Masse mit den Händen mindestens 5 Minuten kneten, bis ein glatter und glänzender Teig entstanden ist. Dieser darf nicht kleben. Den Teig in Folie wickeln und 30 Minuten ruhen lassen. Inzwischen das **Brötchen** in warmem Wasser einweichen, die **Zwiebel** und den **Knoblauch** schälen und fein hacken. Die **Pilze** putzen, waschen, trockentupfen und ebenfalls fein hacken. 1 El Öl in einer Pfanne erhitzen. Zwiebel, Knoblauch und Pilze darin etwa 5 Minuten unter Rühren dünsten. Mit **Salz** und **Pfeffer** würzen. Die Masse aus der Pfanne nehmen und leicht abkühlen lassen. Das Brötchen gut ausdrücken und mit dem Ei unter die Pilzmasse mengen. Ist die Masse zu flüssig, 2–3 El Parmesan unterheben. **Petersilie** unterrühren und die Masse erneut abschmecken. Abkühlen lassen. Den **Nudelteig** noch einmal durchkneten und auf einer bemehlten Fläche zu Teigplatten, etwa 2 mm dünn, ausrollen. Aus der Teigplatte Kreise ausstechen und auf einer Hälfte mit Füllung belegen. Die andere Hälfte zu einem Halbkreis darüber legen. Die Ränder andrücken und die Halbkreise um einen Finger herumlegen und zu **Tortellini** formen. Tortellini in kochendem Salzwasser etwa 3 Minuten garen, mit einer Schaumkelle herausnehmen, abtropfen lassen und auf Tellern anrichten. Mit zerlassener **Butter** und restlichem **Parmesan** servieren.

44

Pasta - al dente

Tortellini ai funghi

Für 4 Portionen

400 g Mehl

4 Eier

Salz

2 El Olivenöl

1/2 altbackenes Brötchen

1 Zwiebel

1 Knoblauchzehe

225 g Steinpilze

Pfeffer

1 Ei

75 g frisch geriebener Parmesan

2 El frisch gehackte Petersilie

100 g Butter

Zubereitungszeit 30 Minuten
(plus Ruhe-, Dünst- und Garzeit)
Pro Portion ca. 810 kcal/3402 kJ
29 g E ∗ 43 g F ∗ 77 g KH

Ravioli di carne e spinaci

Aus den **Teigzutaten** einen Nudelteig zubereiten (siehe Seite 44/45). Teig ruhen lassen. **Zwiebel** und **Knoblauch** schälen und hacken, den **Rosmarin** ebenfalls ganz fein hacken. **Öl** in einer Pfanne erhitzen, Zwiebel, Knoblauch und Rosmarin darin andünsten, dann **Hackfleisch** zugeben und unter Rühren 5 Minuten schmoren. Restliche **Kräuter** und **Wein** zugeben und die Mischung 10 Minuten köcheln lassen.

Den **Spinat** verlesen, waschen und in einem Topf bei mittlerer Temperatur zusammenfallen lassen. Dann in einem Sieb abtropfen lassen und gut ausdrücken. Spinat fein hacken und zum Hackfleisch geben. Die Masse pürieren und mit **Eiern, Paniermehl** und **Parmesan** mischen. Mit **Salz, Pfeffer** und **Muskat** abschmecken.

Den Teig auf einer bemehlten Arbeitsfläche zu zwei dünnen Teigplatten ausrollen. Im Abstand von 3 cm auf eine Teigplatte kleine Häufchen der Füllung setzen und die zweite Teigplatte darüber legen. Die Ränder festdrücken. Nun die Teigplatten zwischen der Füllung in breite Streifen schneiden. Mit einem Teigrädchen **Ravioli** ausschneiden.

Ravioli in kochendem Salzwasser etwa 4 Minuten ziehen lassen, anschließend herausnehmen. Die **Butter** in einer Pfanne zerlassen. Die gewaschenen **Salbeiblätter** in feine Streifen schneiden und in der Butter erhitzen. Ravioli mit der Salbeibutter und mit **Parmesan** bestreut servieren.

Pasta - al dente

Für 4 Portionen

400 g Mehl

4 Eier

1 Tl Salz

1 El Olivenöl

1 Zwiebel

1 Knoblauchzehe

1 El frische Rosmarinnadeln

2 El Olivenöl

300 g Rinderhackfleisch

1 Lorbeerblatt

1/2 Tl Majoran

1/2 Tl Oregano

100 ml trockener Weißwein

500 g Spinat

4 Eier

50 g Paniermehl

2 El frisch geriebener Parmesan

Salz, Pfeffer, Muskatnuss

100 g Butter

2 El frische Salbeiblätter

Zubereitungszeit 40 Minuten
(plus Garzeit)
Pro Portion ca. 868 kcal/3644 kJ
45 g E * 37 g F * 85 g KH

Pasta - al dente

Lasagne

Die **Bologneser Fleischsauce** wie auf Seite 42/43 beschrieben zubereiten und beiseite stellen. Für die Bechamelsauce 4 El **Butter** in einem Topf schmelzen und mit dem **Mehl** unter Rühren eine **Mehlschwitze** herstellen. Die **Milch** zugießen, den Topf vom Herd nehmen und so lange rühren, bis eine klümpchenfreie Sauce entstanden ist. Topf zurück auf den Herd stellen und die Sauce etwa 10 Minuten köcheln. Mit **Salz** und **Pfeffer** abschmecken. Backofen auf 200 °C (Umluft 180 °C) vorheizen. Eine feuerfeste Auflaufform mit 1 El **Butter** fetten und den Boden mit **Lasagneblättern** belegen. Nun abwechselnd **Fleischsauce**, **Bechamelsauce** und **Parmesan** darauf schichten. Mit Lasagneblättern abdecken und den Vorgang wiederholen, bis alle Zutaten aufgebraucht sind. Zum Schluss Bechamelsauce und **Parmesan** darauf geben. Restliche **Butter** in Flöckchen auf die Lasagne geben und diese im Ofen etwa 35 Minuten backen.

Für 4 Portionen

150 g Mehl

150 g Hartweizengrieß

1 Tl Salz

1,5 kg Tomaten

2 Knoblauchzehen

2 El Olivenöl

Salz

Pfeffer

1 Bund Basilikum

50 g eingelegte Sardellen

2 El eingelegte Kapern

300 g Mozzarella

100 g frisch geriebener

Parmesan

Zubereitungszeit 50 Minuten
(plus Backzeit)
Pro Portion ca. 802 kcal/3370 kJ
38 g E * 36 g F * 79 g KH

Aus **Mehl**, **Grieß**, **Salz** und 150 ml lauwarmem Wasser einen Nudelteig zubereiten (siehe Seite 44/45) und ruhen lassen. Die **Tomaten** in heißes Wasser tauchen, häuten, von den Stielansätzen befreien und klein schneiden. Den **Knoblauch** schälen und hacken. Das **Öl** in einer Pfanne erhitzen und die Tomaten mit dem Knoblauch darin andünsten. Bei geringer Temperatur etwa 30 Minuten köcheln, bis eine dickliche Sauce entstanden ist. Mit **Salz** und **Pfeffer** würzen. Davon 2 Saucenkellen voll abnehmen und beiseite stellen. **Basilikum** waschen, trockenschütteln und hacken. **Sardellen** und **Kapern** abtropfen lassen und hacken. Den **Mozzarella** in Würfel schneiden. Alles unter die **Tomatensauce** mischen und abkühlen lassen. Den Backofen auf 200 °C (Umluft 180 °C) vorheizen. Den Nudelteig gut durchkneten und auf einer bemehlten Arbeitsplatte dünn ausrollen. In 10 x 10 cm große Quadrate schneiden und diese in kochendem Salzwasser etwa 30 Sekunden kochen. Abgießen, abschrecken und abtropfen lassen. Eine Auflaufform einfetten. Die Teigstücke auslegen, mit der Füllung bestreichen, zusammenrollen und in die Form legen. Beiseite gestellte Tomatensauce über die **Cannelloni** geben und den geriebenen **Käse** darüber streuen. Im Ofen etwa 30 Minuten goldgelb überbacken.

Pasta - al dente

Cannelloni con pomodoro e mozzarella

51

Rigatoni al pesto

Für 4 Portionen

3 El Pinienkerne

3 Knoblauchzehen

1 großes Bund Basilikum

100 ml Olivenöl

Salz

50 g frisch geriebener Parmesan

400 g Rigatoni

Zubereitungszeit 20 Minuten
(plus Garzeit)
Pro Portion ca. 475 kcal/1995 kJ
12 g E * 28 g F * 45 g KH

Pasta - al dente

Die **Pinienkerne** in einer Pfanne ohne Fett rösten. Dann fein hacken. Die **Knoblauchzehen** schälen und ebenfalls sehr fein hacken. Das **Basilikum** waschen, trockenschütteln und mit einer Kräuterwiege zerkleinern. Pinienkerne, Knoblauch, Basilikum und **Parmesan** miteinander mischen und langsam das **Olivenöl** dazugeben. Alles glatt verrühren und salzen.
Die **Nudeln** in kochendem Salzwasser bissfest garen und danach abgießen, abschrecken und abtropfen lassen.
Die Nudeln in eine erwärmte Pfanne geben und gut mit dem **Pesto** verrühren. Auf Teller verteilen und servieren.

53

Nudeln mit grünem Spargel

Die **Frühlingszwiebeln** putzen, waschen und in Röllchen schneiden. Das **Olivenöl** in einem Topf erhitzen und die Frühlingszwiebeln darin glasig anschwitzen. Die **Tomaten** zugeben und bei mittlerer Temperatur etwa 7 Minuten köcheln, bis die Sauce etwas eindickt. Mit **Salz** und **Pfeffer** abschmecken. Den **Spargel** waschen, unteres Stielende entfernen und den Spargel im unteren Drittel schälen. Den Spargel in Stücke von etwa 4 cm Länge schneiden und in kochendem Salzwasser etwa 10 Minuten garen. Herausnehmen und abtropfen lassen. Die **Nudeln** in kochendem Salzwasser bissfest garen. Das **Basilikum** waschen, trockenschütteln und in Streifen schneiden. Die **Butter** in die Sauce geben, Spargel und Basilikum unterheben und abschmecken. Die Sauce noch etwa 3 Minuten köcheln. Spaghetti mit der Spargelsauce anrichten und mit **Parmesan** bestreut servieren.

Pasta - al dente

Für 4 Portionen

1 Bund Frühlingszwiebeln

2 El Olivenöl

400 g Tomaten in Stücken

(Fertigprodukt)

Salz, Pfeffer

500 g grüner Spargel

400 g Nudeln nach Belieben

1/2 Bund Basilikum

1 El Butter

4 El frisch geriebener Parmesan

Zubereitungszeit 30 Minuten
(plus Garzeit)
Pro Portion ca. 423 kcal/1775 kJ
14 g E * 19 g F * 49 g KH

Risotto & Polenta

Risotto Mailänder Art

Die **Zwiebel** schälen und fein hacken. 2 El **Butter** in einem großen Topf schmelzen und die **Zwiebel** darin andünsten. Den **Wein** zur Zwiebel geben und die Flüssigkeit bei mittlerer Temperatur fast vollständig verkochen lassen. Den **Reis** in den Topf geben und unter Rühren etwa 1 Minuten schmoren, bis er gut mit Flüssigkeit überzogen ist. Nach und nach die **Brühe** angießen und einkochen lassen. Erst neue Brühe zugeben, wenn alles vom Reis aufgesogen ist.

Nach etwa 10 Minuten ist der Reis halb gar. Die **Safranfäden** in die verbliebene Brühe rühren und alles zum Reis geben. Weitere 15 Minuten köcheln, bis der Reis schön cremig, aber noch bissfest ist. Die restliche Butter und den **Käse** unter den Reis rühren und das **Risotto** abgedeckt noch einige Minuten ziehen lassen. Mit **Parmesan** servieren.

Risotto & Polenta

Für 4 Portionen
1 Zwiebel
50 g Butter
50 ml trockener Weißwein
400 g Risottoreis (z.B. Arborio)
1 l Gemüsebrühe
1/2 Tl Safranfäden
50 g frisch geriebener Parmesan

Zubereitungszeit 15 Minuten
(plus Schmor- und Garzeit)
Pro Portion ca. 548 kcal/2300 kJ
12 g E * 19 g F * 80 g KH

Die **Tintenfische** waschen, trockentupfen und die Tintenbeutel vorsichtig in eine Schüssel legen. Den Tintenfisch in Streifen schneiden. **Knoblauch** und **Zwiebel** schälen und fein hacken. Den **Knoblauch** mit 3 El **Olivenöl** und dem **Limettensaft** mischen und über die Tintenfischstreifen geben. 30 Minuten durchziehen lassen. Anschließend restliches Olivenöl in einem Topf erhitzen und die **Zwiebel** darin glasig dünsten. Die abgetropften Tintenfischstreifen in den Topf geben und anschmoren. Wein und **Marinade** angießen. Nun die Tintenbeutel öffnen und die Tinte dazugeben. 150 ml **Fischfond** angießen, aufkochen und alles in etwa 15 Minuten köcheln lassen.
Den **Reis** in den Topf geben und gut verrühren. Nach und nach den Fischfond angießen und den Reis die Flüssigkeit aufnehmen lassen, bevor neue hinzugegeben wird. Nach etwa 20 Minuten sollte der Reis schön cremig und der Fischfond aufgebraucht sein. Das **Risotto** mit **Salz** und **Pfeffer** abschmecken.

Risotto & Polenta

Risotto nero

Für 4 Portionen

750 g küchenfertige Tintenfische mit Tintenbeuteln

2 Knoblauchzehen

1 Zwiebel

6 El Olivenöl

Saft von 1 Limette

150 ml trockener Weißwein

750 ml Fischfond

350 g Vialone-Reis

Salz, Pfeffer

Zubereitungszeit 30 Minuten
(plus Marinier- und Garzeit)
Pro Portion ca. 538 kcal/2258 kJ
37 g E * 9 g F * 37 g KH

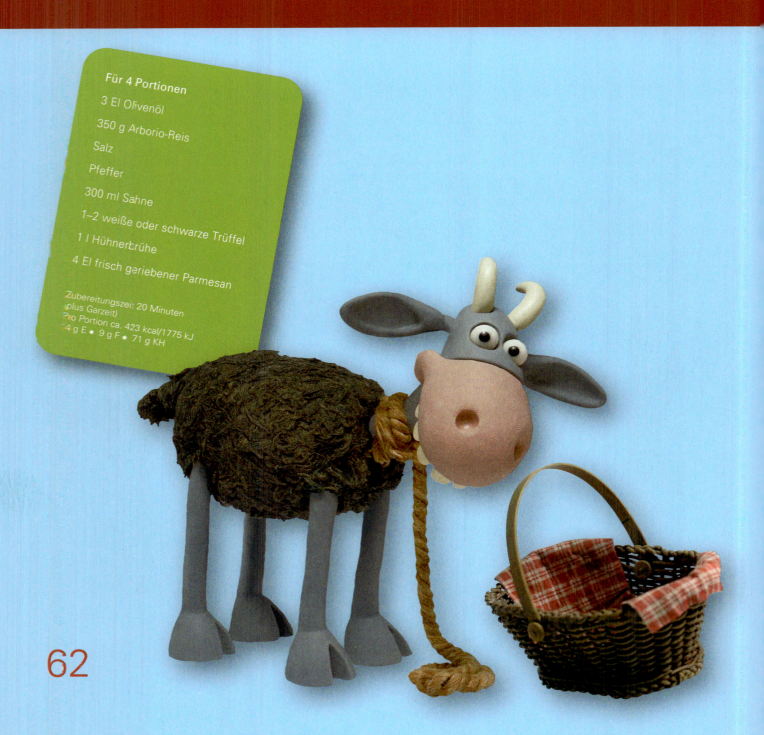

Für 4 Portionen

3 El Olivenöl

350 g Arborio-Reis

Salz

Pfeffer

300 ml Sahne

1–2 weiße oder schwarze Trüffel

1 l Hühnerbrühe

4 El frisch geriebener Parmesan

Zubereitungszeit 20 Minuten
(plus Garzeit)
Pro Portion ca. 423 kcal/1775 kJ
14 g E * 9 g F * 71 g KH

Risotto & Polenta

Risotto mit Trüffeln

Das **Öl** in einem großen Topf erhitzen und den **Reis** dazugeben. Unter Rühren einige Minuten schmoren, bis der Reis schön mit **Fett** überzogen ist. Mit **Salz** und **Pfeffer** würzen. Die **Sahne** einrühren.

Die **Trüffel** putzen, feucht abreiben, einige Scheiben dünn abhobeln und beiseite stellen, den Rest hacken und unter den Reis mischen. Die **Hühnerbrühe** erhitzen und suppenkellenweise zum Reis geben. Jeweils erst die nächste Kelle Brühe zugeben, wenn der Reis die Flüssigkeit aufgenommen hat. Auf diese Weise nach und nach die Brühe aufbrauchen. Nach etwa 35 Minuten sollte der Reis schön cremig, aber noch bissfest sein. **Risotto** mit Trüffelscheiben und **Parmesan** bestreut servieren.

63

Polenta mit zwei Saucen

Für 4 Portionen

675 ml Gemüsebrühe

Salz

150 g Maisgrieß

2 Knoblauchzehen

130 g Butter

100 g frisch geriebener Parmesan

Pfeffer

Pilzsauce:

700 g Mischpilze

1 Zwiebel

1 El Olivenöl

60 g Butter

1 getrocknete Pfefferschote

Salz

Pfeffer

100 ml trockener Weißwein

1/2 Bund frisch gehackte glatte Petersilie

Tomatensauce:

1 Zwiebel

1 Knoblauchzehe

1/2 Stangensellerie

1 kg Tomaten

2 El Olivenöl

6 gehackte Basilikumblätter

1/2 Bund frisch gehackte Petersilie

1/2 Tl gehackte Thymianblätter

1 Lorbeerblatt

Salz

Pfeffer

Zubereitungszeit 30 Minuten
(plus Garzeiten)
Pro Portion ca. 805 kcal/3381 kJ
20 g E ∗ 62 g F ∗ 39 g KH

Risotto & Polenta

Die Gemüsebrühe in einem Topf aufkochen und salzen. Nach und nach unter Rühren den Grieß einrieseln lassen und bei geringer Temperatur weiter rühren, bis die Polenta andickt und sich leicht vom Topfrand löst. Knoblauch schälen und fein hacken. Mit Butter, Parmesan, Salz und Pfeffer unter die Polenta rühren, bis sie sämig ist. Für die Pilzsauce die Pilze putzen, waschen und grob zerkleinern. Die Zwiebel schälen und hacken. Öl und Butter in einem Topf erhitzen und die Pilze mit der Zwiebel darin etwa 5 Minuten andünsten. Den Wein angießen und fast einkochen lassen. Die Sauce mit Salz, Pfeffer und der zerbröselten Pfefferschote würzen. Die Petersilie unterheben. Für die Tomatensauce Zwiebel und Knoblauch schälen und fein hacken. Den Sellerie putzen, waschen und fein würfeln. Die Tomaten enthäuten, von Stielansätzen und Kernen befreien und würfeln. Das Olivenöl in einem Topf erhitzen und Zwiebel mit Knoblauch darin andünsten. Sellerie und Tomaten mit den gehackten Kräutern und dem Lorbeerblatt zugeben und bei geringer Temperatur etwa 40 Minuten köcheln. Dann das Lorbeerblatt entfernen und die Sauce mit Salz und Pfeffer abschmecken. Die Polenta auf Teller verteilen und mit den beiden Saucen servieren.

Für 4 Portionen

Salz
300 g Maisgrieß
10 g getrocknete Steinpilze oder
50 g frische Steinpilze
1 Zwiebel
75 g Bauchspeck
2 Möhren
1 Stangensellerie
3 El Butter
150 g Bratwurst
200 g Rinderhack
2 El Olivenöl
400 g Tomaten
50 ml trockener Rotwein
Pfeffer
100 g Fontina in dünnen Scheiben
50 g frisch geriebener Parmesan
einige Basilikumblätter

Zubereitungszeit 40 Minuten
(plus Garzeit)
Pro Portion ca. 1067 kcal/4483 kJ
37 g E * 73 g F * 63 g KH

1 l Wasser in einem Topf mit etwas Salz zum Kochen bringen und den Grieß nach und nach einrieseln lassen. Polenta bei geringer Temperatur etwa 20 Minuten quellen lassen. Dann auf ein mit Olivenöl bestrichenes Holzbrett streichen und abkühlen lassen.

Inzwischen die getrockneten Steinpilze in heißem Wasser einweichen. Die Zwiebel schälen und hacken, den Bauchspeck würfeln. Möhren und Sellerie putzen, waschen und würfeln.

1 El Butter in einer Pfanne erhitzen und den Speck darin auslassen. Zwiebel zugeben und andünsten. Das Gemüse darunter mischen und 3 Minuten mitschmoren.

Pilze abgießen, ausdrücken und klein schneiden. Die Bratwurst in Stücke schneiden. Hack und Bratwurst in die Pfanne geben und unter Rühren gut anbraten. Dann die Pilze unterheben.

Tomaten häuten, entkernen und grob zerkleinern. Mit dem Wein in die Pfanne geben und alles gut durchmischen. Würzen und etwas einkochen lassen.

Den Backofen auf 200 °C (Umluft 180° C) vorheizen. Die abgekühlte Polenta in etwa 4-5 cm breite Streifen schneiden. Eine Auflaufform mit etwas Butter einfetten und abwechselnd Polenta, Fleischmasse und Fontina hineingeben. Mit Polenta abschließen. Butterflöckchen darübergeben und mit dem Parmesan bestreuen. Im Ofen etwa 35 Minuten überbacken.

Überbackene Polenta

68

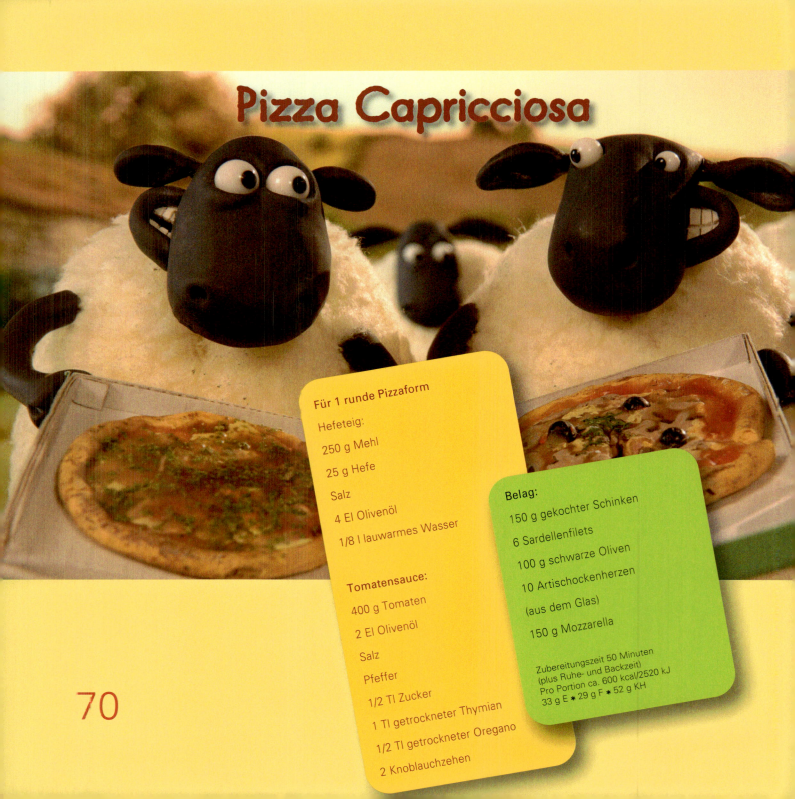

Pizza Capricciosa

Für 1 runde Pizzaform

Hefeteig:
250 g Mehl
25 g Hefe
Salz
4 El Olivenöl
1/8 l lauwarmes Wasser

Tomatensauce:
400 g Tomaten
2 El Olivenöl
Salz
Pfeffer
1/2 Tl Zucker
1 Tl getrockneter Thymian
1/2 Tl getrockneter Oregano
2 Knoblauchzehen

Belag:
150 g gekochter Schinken
6 Sardellenfilets
100 g schwarze Oliven
10 Artischockenherzen
(aus dem Glas)
150 g Mozzarella

Zubereitungszeit 50 Minuten
(plus Ruhe- und Backzeit)
Pro Portion ca. 600 kcal/2520 kJ
33 g E * 29 g F * 52 g KH

Pizza & Torta

Das **Mehl** in eine Schüssel sieben und in die Mitte eine Mulde drücken. Die Hefe in 1/8 l warmem Wasser verrühren und diesen Brei in die Mulde gießen. Etwas **Mehl** darüber stäuben und 15 Minuten an einem warmen Ort gehen lassen. 100 ml Wasser, 1 Msp. **Salz** und das **Öl** zum Vorteig geben und alles zu einem glatten Teig verarbeiten. Den Teig mindestens 10 Minuten gut durchkneten, bis er fest, aber geschmeidig ist. Den Teig abgedeckt etwa 1 Stunde an einem warmen Ort gehen lassen.

Die **Tomaten** kurz in heißes Wasser geben, dann häuten, Stielansätze und Kerne entfernen und das Tomatenfruchtfleisch in Würfel schneiden. In einen Topf mit 1 El **Olivenöl** geben und bei hoher Temperatur etwa 7 Minuten kochen, dabei etwas einkochen lassen. Mit **Salz, Pfeffer, Zucker** und den **Kräutern** abschmecken. **Knoblauch** hacken und unter die **Tomatensauce** heben.

Den Backofen auf 250 °C (Umluft 225 °C) vorheizen. Eine runde Pizzaform mit dem restlichen **Öl** einfetten. Den Teig ausrollen und in die Form legen, dabei die Teigränder hochziehen. Den Teig erneut 15 Minuten gehen lassen. Den **Schinken** in Streifen schneiden. Die **Sardellenfilets** gut abspülen und trockentupfen. Die **Oliven** halbieren und entsteinen. Die **Artischockenherzen** abtropfen lassen und halbieren. **Mozzarella** in kleine Würfel schneiden. Die Tomatensauce auf dem Teig verteilen, dann **Schinken, Oliven, Sardellen** und **Artischocken** darauf geben. Mit **Salz** und **Pfeffer** würzen, dann den **Mozzarella** drüber verteilen. Pizza im Ofen etwa 15 Minuten backen.

Pizza frutti di mare

Für 1 runde Pizzaform

Hefeteig (siehe Seite 70/71)

Tomatensauce (siehe Seite 70/71)

100 g kleine küchenfertige Calamari (Tintenfische)

200 g frische Garnelen

100 g Venusmuscheln (aus dem Glas)

1 Bund Basilikum

Salz, Pfeffer

1 El Olivenöl

3 El frisch geriebener Pecorino

Zubereitungszeit 50 Minuten
(plus Ruhe-, Dämpf- und Backzeit)
Pro Portion ca. 415 kcal/1743 kJ
26 g E * 12 g F * 50 g KH

Pizza & Torta

Hefeteig und **Tomatensauce** nach den Rezepten auf Seite 70/71 herstellen. Den Teig gehen lassen. Die **Tintenfische** waschen, trockentupfen und in etwas Wasser ca. 5 Minuten dämpfen. Abgießen, abschrecken und abtropfen lassen. Die **Garnelen** schälen und den Darm entfernen. Die **Muscheln** abtropfen lassen. Den Backofen auf 200 °C (Umluft 180 °C) vorheizen. Den Teig ausrollen, in die gefettete Form legen und den Rand hochdrücken. Kurz gehen lassen. Dann mit Tomatensauce bedecken und mit Meeresfrüchten belegen. **Basilikum** waschen, trockenschütteln und grob hacken. Auf die Pizza streuen und alles mit **Salz** und **Pfeffer** würzen. **Olivenöl** und **Käse** darauf verteilen und im Ofen etwa 15 Minuten backen.

73

Den **Brotteig** nach Packungsanweisung zubereiten. Die **Zwiebeln** schälen, in feine Ringe schneiden und in dem Öl glasig dünsten. Den Ofen auf 200 °C (Umluft 180 °C) vorheizen. Die **Tomaten** mit **Salz**, **Pfeffer** und **Oregano** würzen. Den **Schinken** in sehr kleine Würfel schneiden und den **Greyerzer** fein reiben. Den Teig auf Backblechgröße oder zu 2 runden Fladen von etwa 28 cm Durchmesser ausrollen. Backblech oder Pizzaformen ausfetten und den Teig darauf legen. Die Tomaten auf dem Teig verstreichen und die Zwiebeln darauf legen. Die Schinkenwürfel darüber streuen. Die Pizza auf der unters-ten Schiene in den Backofen schieben und etwa 30 Minuten backen. Nach der Hälfte der Backzeit den Käse darauf geben. Alles mit **Basilikum** garniert servieren.

Pizza & Torta

Zwiebelpizza

Für 4 Portionen

400 g Brotteig (FP)

650 g Gemüsezwiebeln

2 El Olivenöl

1 Dose Pizzatomaten (400 g)

Jodsalz

Frisch gemahlener schwarzer Pfeffer

2 Tl gerebeltes Oregano

1 Scheibe roher Schinken (ca. 70 g)

100 g Greyerzer

Etwas Olivenöl für das Backblech bzw. die Pizzaformen

Basilikumstreifen zum Garnieren

Zubereitungszeit ca. 25 Minuten (plus Backzeit)

Für 4 Portionen

4 Pizzateige aus dem Kühlregal
1 Dose Pizzatomaten (400 g)
Jodsalz, Pfeffer
2 Tl gerebeltes Oregano
100 g Taleggio (italienischer halbfester Schnittkäse)
100 g Provolone
Olivenöl für das Backblech
80 g geriebener Parmesan
80 g geriebener Pecorino
1 Bund frisches Basilikum, Blätter in feine Streifen geschnitten

Zubereitungszeit: ca. 20 Minuten (plus Backzeit)

Pizza & Torta

Käsepizza

Den **Pizzateig** nach Packungsanweisung zubereiten. Den Ofen auf 200 °C (Umluft 180 °C) vorheizen. Die **Tomaten** mit **Salz**, **Pfeffer** und **Oregano** abschmecken. Den **Taleggio** und den **Provolone** in dünne Scheiben schneiden. Die Teige auf Pizzableche legen. Die Tomaten auf dem Teig verteilen. Je ein Viertel der Pizzen mit dem Taleggio und dem Provolone belegen. Die Pizza auf der zweiten Schiene von unten in den Ofen schieben und etwa 30 Minuten backen. Etwa 15 Minuten vor Ende der Backzeit die beiden restlichen Viertel der Pizzen mit **Parmesan** und **Pecorino** bestreuen und die Pizzen fertig backen. Das **Basilikum** in feine Streifen schneiden und darüber geben.

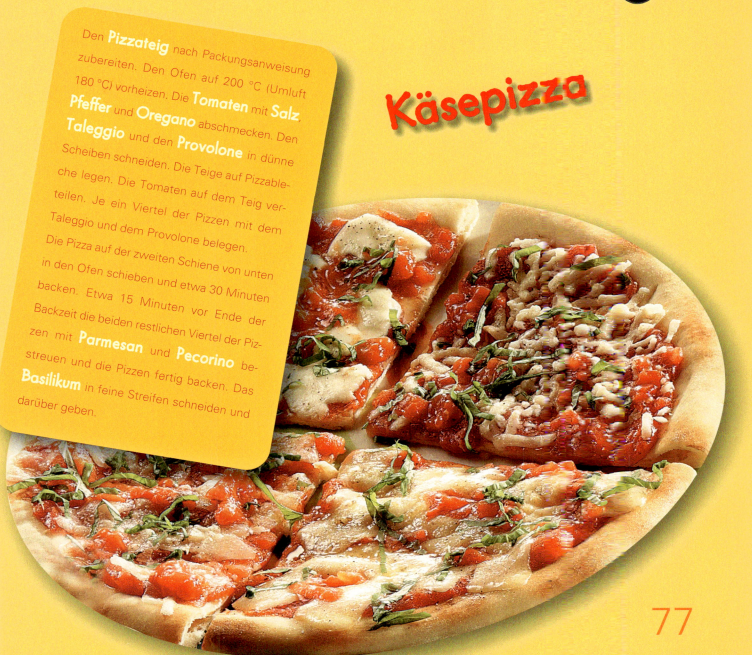

150 g Mehl in eine Schüssel sieben, 50 g Butter weich werden lassen und zufügen. Gut verrühren, dann 1 Ei unterheben und die Milch zugeben. Alles zu einem glatten Teig verarbeiten und in Folie wickeln. 30 Minuten kühl ruhen lassen. Den Spargel putzen und das untere Drittel schälen. Spargel waschen und in kochendem Salzwasser etwa 6 Minuten garen. Dann abgießen und abtropfen lassen. Den Backofen auf 200 °C (Umluft 180 °C) vorheizen.

Die restliche Butter in einem Topf schmelzen und das restliche Mehl klümpchenfrei unterrühren. Den Topf vom Herd nehmen. Den Spargel in 2 cm lange Stücke schneiden, den Knoblauch schälen und fein hacken. Spargel mit Knoblauch, restlichen Eiern, Ricotta, Pecorino und der Mehlschwitze gut verrühren und mit Salz, Pfeffer und Muskat würzen. 2/3 des Teiges zu einem Kreis von 28 cm Durchmesser ausrollen und eine gefettete Springform (23 cm Ø) damit auslegen. Den Rand entfernen, den Teig mehrmals mit einer Gabel einstechen. Die Spargelfüllung auf dem Teig verteilen. Den restlichen Teig ausrollen und in dünne Streifen schneiden. Die Teigstreifen gitterförmig auf den Kuchen legen. Dann im Ofen etwa 25 Minuten backen. Kalt servieren.

Spargelkuchen

Für 4 Portionen

180 g Weizenmehl

80 g Butter

5 Eier

3 El Milch

375 g grüne Spargel

2 Knoblauchzehen

250 g Ricotta

50 g frisch geriebener Pecorino

Salz

Pfeffer

1/2 Tl frisch gemahlene Muskatnuss

Die **Hefe** in 4 El Wasser rühren und 10 Minuten gehen lassen. Die Hälfte des **Mehls** mit etwas **Salz** in eine Schüssel sieben, in die Mitte eine Mulde drücken und die Hefemischung hineingießen. 2 El Wasser dazugeben und alles gut vermengen. Den Teig abgedeckt etwa 1 Stunde gehen lassen. Inzwischen das **Schmalz** weich werden lassen, 2 **Eier** verquirlen. Das restliche Mehl mit den Eiern, dem Schmalz und dem **Olivenöl** vermischen und zum Vorteig geben. Nun aus dem Ganzen einen festen, geschmeidigen Teig arbeiten und dritteln. Zwei Drittel des Teiges auf einer Arbeitsfläche rund ausrollen (23 cm Durchmesser) und eine gefettete Springform damit auslegen. Die Ränder andrücken. Den Teig 15 Minuten ruhen lassen. Den **Käse** in Scheiben schneiden, 2 Eier in 8 Minuten hart kochen, abkühlen lassen, schälen und in Würfel schneiden. **Schinken** in Streifen schneiden. Abwechselnd **Käsescheiben**, **Eierwürfel**, **Ricotta** und **Schinkenstreifen** auf den Teig geben. Gut mit **Salz** und **Pfeffer** würzen. Den Backofen auf 200 °C (Umluft 180 °C) vorheizen. Den restlichen Teig rund ausrollen und als Deckel auf die Torte setzen. Die Ränder gut miteinander verbinden. Die Torte noch 30 Minuten gehen lassen und anschließend im Ofen etwa 30 Minuten backen.

Käse-Schinken-Torte

Für 4 Portionen

25 g Hefe
300 g Weizenmehl
Salz
20 g Schweineschmalz
4 Eier
2 E. Olivenöl
100 g Caciocavallo Käse
200 g Ricotta
100 g geräucherter Schinken
Salz
Pfeffer

Zubereitungszeit 60 Minuten
(plus Ruhe- und Backzeit)
Pro Portion ca. 659 kcal/2761 kJ
35 g E, 32 g F, 55 g KH

81

Mangoldkuchen

Mehl in eine Schüssel sieben. 1 Ei mit 100 ml **Olivenöl** und Salz verrühren und zum Mehl geben. Alles zu einem glatten Teig verarbeiten und abgedeckt an einem warmen Ort etwa 30 Minuten ruhen lassen.

Mangold putzen, waschen, die dicken Rippen herausschneiden und den Rest in feine Streifen schneiden. **Zwiebel** und **Knoblauch** schälen und fein hacken. **Pilze** putzen, feucht abreiben und in Scheiben schneiden. **Sardellen** abtropfen lassen und klein schneiden.

Zwiebel und Knoblauch im restlichen **Öl** andünsten. Nach 2 Minuten die Mangoldstreifen zugeben und mit schmoren, 5 Minuten danach die **Champignons** in die Pfanne geben und die Mischung weitere 5 Minuten dünsten, bis alle Flüssigkeit verkocht ist. Nach 4 Minuten die TK-**Erbsen** unterheben. Würzen. Pfanne vom Herd nehmen, **Basilikum** und Sardellen unterrühren und abkühlen lassen. Backofen auf 220 °C (Umluft 200 °C) vorheizen. Eine Springform (26 cm Ø) einfetten. Den Teig dünn ausrollen, in die Form legen und den Rand hochdrücken.

Die restlichen Eier mit dem **Ricotta** verrühren, salzen und pfeffern. Die Hälfte dieser Mischung zum Gemüse geben und alles auf dem Teigboden verteilen. Restliche Ricotta-Eier-Masse darüber geben und Torte im Ofen etwa 35 Minuten backen.

Pizza & Torta

Für 4 Portionen

250 g Mehl

3 Eier

120 ml Olivenöl

1/2 TL Salz

500 g Mangold

1 Zwiebel

1 Knoblauchzehe

100 g Champignons

8 Sardellenfilets

200 g TK-Erbsen

2 El frisch gehacktes Basilikum

100 g Ricotta

Salz

Pfeffer

Fett für die Form

Blätterteig auftauen lassen. **Spinat** verlesen, putzen, waschen und in einem großen Topf bei mittlerer Temperatur zusammenfallen lassen. Dann abgießen, abtropfen lassen und gut ausdrücken. **Zwiebel** und **Knoblauch** schälen und fein hacken. **Öl** in einer Pfanne erhitzen und die Zwiebel mit dem Knoblauch darin andünsten. **Spinat** zugeben und 3 Minuten mitdünsten. Den **Schinken** in feine Streifen schneiden. 4 **Eier** in 10 Minuten hart kochen und abkühlen lassen.

Den **Blätterteig** auf einer bemehlten Arbeitsfläche zu einer rechteckigen Platte ausrollen. Zuerst die **Schinkenstreifen**, dann den Spinat darauf verteilen. Die abgekühlten Eier schälen und in Scheiben schneiden. Die Eischeiben auf den Spinat legen. Alles mit **Salz, Pfeffer** und **Muskat** würzen. Den Backofen auf 200 °C (Umluft 180 °C) vorheizen. Den Blätterteig vorsichtig zusammenrollen. Die Ränder gut zusammendrücken. Das letzte Ei verquirlen und die Ränder sowie den gesamten Strudel damit einstreichen. Ein Backblech einfetten und mit dem **Mehl** bestreuen. Den Spinatstrudel darauf legen und im Ofen etwa 40 Minuten backen. Dann herausnehmen, etwa 10 Minuten abkühlen lassen und in dicke Scheiben schneiden.

Spinat in Blätterteig

Für 4 Portionen

450 g TK-Blätterteig
1 kg Spinat
1 Zwiebel
Knoblauchzehe
2 EL Olivenöl
200 g gekochter Schinken
5 Eier
Salz
Pfeffer
1 TL gemahlene Muskatnuss
2 EL Mehl

Zubereitungszeit: 30 Minuten
(plus Auftau- und Backzeit)
Pro Portion ca. 860 kcal/3602 kJ
31 g E, 55 g F, 50 g KH

85

Lauchkuchen

Für 4 Portionen
400 g Mürbeteig (FP)
600 g Lauchstangen, nur den Schaft
Jodsalz
50 g magerer roher Schinkenspeck
250 g Schmand
3 Eier
Pfeffer
Paprikapulver
Etwas Weizenmehl zum Ausbacken
2 El Schnittlauchröllchen
60 g geriebener Greyerzer

Zubereitungszeit ca. 30 Minuten
(plus Garzeit)

Pizza & Tarte

Den **Mürbeteig** nach Packungsanleitung zubereiten. Von den **Lauchstangen** die äußere Blattschicht und die Wurzeln entfernen. Die Stangen abspülen und im Ganzen in reichlich Salzwasser in ca. 10 Minuten bissfest kochen. Den Backofen auf 200 °C (Umluft 180 °C) vorheizen. Den **Schinkenspeck** in kleine Würfel schneiden. **Schmand** und **Eier** verquirlen und das Ganze mit **Salz**, **Pfeffer** und **Paprikapulver** kräftig abschmecken. Eine Arbeitsfläche dünn mit **Mehl** bestäuben und den Teig zu einer runden Platte von etwa 32 cm Durchmesser ausrollen. Anschließend eine runde Form (ca. 26 cm Durchmesser) mit dem Teig auskleiden und den Boden mit einer Gabel einstechen. Die Lauchstangen aus dem Topf nehmen, gut abtropfen und abkühlen lassen.

Die Lauchstangen in etwa 2 cm breite Scheiben schneiden. Sie dürfen dabei nicht in einzelne Ringe zerfallen. Die Lauchscheiben auf den Teig verteilen, salzen, pfeffern und mit etwas Paprikapulver bestreuen. Die **Schinkenspeckwürfel** in die Zwischenräume geben. Die Schmand-Eier-Mischung gleichmäßig darüber gießen. Den Kuchen auf der zweiten Schiene von unten in den Ofen schieben und etwa 20 Minuten backen. Etwa 5 Minuten vor Ende der Backzeit zuerst die **Schnittlauchröllchen**, dann den **Käse** auf dem **Kuchen** verteilen.

88

Il Pesce

Goldbrasse mit Zwiebeln

Für 4 Portionen

- 1 Zwiebel
- 1 Knoblauchzehe
- 1 Rosmarinzweig
- 1 Thymianzweig
- 5 El Olivenöl
- 1 Pfefferschote
- 1 küchenfertige Goldbrasse (ca. 600 g)
- Salz
- 1 Gemüsezwiebel
- Pfeffer
- 1 große Kartoffel
- 1/2 Stangensellerie
- 1 l Gemüsebrühe

Zubereitungszeit 30 Minuten
(plus Schmor- und Bratzeit)
Pro Portion ca. 345 kcal/1449 kJ
29 g E * 20 g F * 13 g KH

Für die Füllung **Zwiebel** und **Knoblauch** schälen und hacken. Die **Kräuter** waschen, trockenschütteln und Blätter und Nadeln von den Stängeln zupfen, dann hacken. Zwiebel, Knoblauch und Kräuter miteinander mischen und mit 3 El **Olivenöl** verrühren. Die **Pfefferschote** putzen, waschen, entkernen und fein hacken. Unter die Mischung heben. Den Backofen auf 180 °C (Umluft 160 °C) vorheizen. Den **Fisch** von innen gut salzen und so viel Füllung wie möglich hineingeben. Die **Gemüsezwiebel** schälen und in Ringe schneiden. 2 El Öl in einem Bräter erhitzen und Zwiebelringe mit der restlichen Füllung darin schmoren. Den Fisch darauf legen und pfeffern.

Die **Kartoffel** waschen, schälen und würfeln, den **Sellerie** putzen, waschen und klein schneiden. Kartoffeln und Sellerie um den Fisch herum legen und den Fisch im Ofen etwa 25 Minuten garen. Währenddessen die **Gemüsebrühe** nach und nach zufügen. Den Fisch auf einer Platte mit dem Gemüse und dem Bratenfond servieren.

Überbackene Seezungenfilets

Für 4 Portionen

8 Seezungenfilets ohne Haut

Salz

Pfeffer

1 Knoblauchzehe

8 El Paniermehl

4 El frisch gehackte glatte Petersilie

4 El frisch gehackter Dill

6 El geriebener Pecorino

6 El Olivenöl

Zubereitungszeit 15 Minuten
(plus Backzeit)
Pro Portion ca. 705 kcal/2961 kJ
66 g E * 31 g F * 41 g KH

Il pesce

Den Backofen auf 240 °C (Umluft 220 °C) vorheizen. Die **Fischfilets** mit **Salz** und **Pfeffer** würzen und auf ein geöltes Backblech legen. **Knoblauch** schälen und hacken. Mit **Paniermehl**, **Kräutern** und **Pecorino** mischen und auf die Fischfilets geben. Das **Olivenöl** darüber träufeln.
Die **Seezungenfilets** im Ofen etwa 15 Minuten garen und kurz überbacken.

Den Backofengrill auf höchster Stufe vorheizen. Die **Fische** mit **Salz** und **Pfeffer** würzen und in eine Schüssel legen. **Zitronensaft** und **Worcestersauce** über die Fische geben und 20 Minuten ziehen lassen. **Estragon** waschen, trockenschütteln und pro Fisch einen Zweig als Füllung verwenden. Die Fische aus der Marinade nehmen und im Mehl wenden. Unter dem heißen Grill im Backofen etwa 15 Minuten grillen. **Frühlingszwiebeln** putzen, waschen und klein schneiden. **Schinken** würfeln, **Pfefferschote** putzen, waschen, entkernen und fein hacken. Die **Oliven** entsteinen und hacken. Die **Kapern** abtropfen lassen. Das **Öl** in einem Topf erhitzen und die Frühlingszwiebeln darin andünsten. Schinken, Pfefferschote, Oliven und Kapern zugeben und kurz mitschmoren. **Tomatenmark** unterrühren und mit **Wein** und **Brühe** ablöschen. Die Sauce mit **Salz** und **Pfeffer** abschmecken. Die Fische mit der Sauce auf Tellern anrichten.

Für 4 Portionen

4 küchenfertige Seebarsche
Salz
Pfeffer
Saft von 1 Zitrone
Worcestersauce
1 Bund Estragon
150 g Mehl
1 Bund Frühlingszwiebeln
100 g gekochten Schinken
1 Pfefferschote
100 g Oliven
1 El Kapern (aus dem Glas)
2 El Olivenöl
2 El Tomatenmark
200 ml trockener Weißwein
200 ml Gemüsebrühe

Zubereitungszeit 30 Minuten
(plus Zeit zum Grillen und Schmoren)
Pro Portion ca. 550 kcal/2310 kJ
49 g E * 16 g F * 42 g KH

Seebarsch mit Olivensauce

95

Stockfischpfanne

Den **Fisch** mindestens 2 Tage lang wässern, dann gut abspülen, trockentupfen und in Stücke schneiden. Die **Pilze** in heißem Wasser 30 Minuten einweichen. **Möhre**, **Zwiebel** und **Knoblauch** schälen. **Sellerie** putzen und waschen. Das **Gemüse** würfeln, den **Knoblauch** fein hacken. Das **Olivenöl** in einer Pfanne erhitzen und das Gemüse mit dem Knoblauch darin andünsten. Die Pilze abgießen, Flüssigkeit auffangen, und Pilze klein schneiden

Stockfisch, **Pilze** und **Pinienkerne** in die Pfanne geben und 2 Minuten mitschmoren, dann den **Wein** angießen und den Fisch salzen. Die **Kartoffeln** waschen, schälen und in mundgerechte Würfel schneiden. Das **Tomatenmark** mit 3 El Wasser mischen und mit den Kartoffeln in die Fischpfanne geben. Alles etwa 30 Minuten köcheln. Kurz vor dem Servieren die entsteinten Oliven unterheben.

Für 4 Portionen
800 g Stockfisch
25 g getrocknete Pilze
(z. B. Steinpilze und Morcheln)
1 Möhre
1 Zwiebel
2 Knoblauchzehen
1/2 Staudensellerie
3 El Olivenöl
50 g Pinienkerne
200 ml trockener Weißwein
Salz
500 g Kartoffeln
2 El Tomatenmark
150 g schwarze Oliven

Zubereitungszeit 50 Minuten
(plus Zeit zum Wässern, Schmoren und Garzeit)
Pro Portion ca. 855 kcal/3581 kJ
124 g E * 27 g F * 25 g KH

Rotbarben mit Pancetta

Die **Fische** in eine große Form legen. Mit **Salz** und **Pfeffer** würzen. Die **Limette** heiß waschen, die Hälfte der Schale abschälen und in dünne Streifen schneiden. Die Limette auspressen. **Knoblauchzehen** schälen und ganz fein hacken. **Rosmarin** waschen, trockenschütteln, die Nadeln von den Stängeln zupfen und hacken. Knoblauch mit **Limettenschale, -saft** und Rosmarin mischen. Diese Marinade über die Fische gießen und sie etwa 1 Stunde kühl stellen. **Dill** waschen, trockenschütteln, hacken und mit dem Paniermehl mischen. Den Backofen auf 180 °C (Umluft 160 °C) vorheizen. Die Fische aus der Marinade nehmen, gut trockentupfen und im **Paniermehl** wenden. Die **Pancettascheiben** um die Fische wickeln und sie in die Fettpfanne des Backofens legen. Die **Marinade** über die Fische geben und sie im Ofen etwa 20 Minuten backen.

Für 4 Portionen

4 Scheiben Thunfisch (à 150 g)
1 Rosmarinzweig
1 Knoblauchzehe
200 ml trockener Weißwein
Saft von 2 Limetten
Salz und Pfeffer
4 El Olivenöl
3 Sardellen ohne Gräten

Zubereitungszeit 20 Minuten
(plus Marinierzeit)
Pro Portion ca. 598 kcal/2510 kJ
56 g E * 37 g F * 2 g KH

Gegrillter Thunfisch mit Sardellen

Den **Thunfisch** waschen und trockentupfen. Den Backofengrill auf höchste Stufe vorheizen. Den **Rosmarin** waschen, trockenschütteln, die Nadeln abzupfen und hacken. Den **Knoblauch** schälen und fein hacken.

Aus **Wein, Limettensaft, Rosmarin** und **Knoblauch** eine Marinade mischen und mit **Salz** und **Pfeffer** würzen. Die Thunfisch-scheiben in die Marinade legen und 3 Stunden ziehen lassen. Anschließend Fisch herausnehmen und trockentupfen. Dann unter dem Grill etwa 10 Minuten von jeder Seite grillen und mit der Marinade begießen. Das **Olivenöl** in einer Pfanne erhitzen und die **Sardellen** ein 5 Minuten von beiden Seiten schmoren, dann mit einer Gabel zerdrücken. Den gegrillten Thunfisch mit der **Sardellenpaste** bestreichen und servieren.

101

Gefüllte Forellen

Die **Fische** waschen und trockentupfen. Die **Krebsschwänze** waschen und das Fleisch aus den Schalen lösen. Die **Kräuter** waschen, trockenschütteln und hacken. Den Backofen auf 200 °C (Umluft 180 °C) vorheizen.

Den **Käse** mit den Kräutern, 1 El **Grappa**, dem **Ei**, einigen Tropfen **Worcestersauce** und **Salz** und **Pfeffer** in einer Schüssel mischen und die **Forellen** damit füllen. Jede Forelle mit einem Krebsschwanz belegen und zusammenrollen. Mit einem Holzspieß zusammenstecken und in eine große Form legen. Die Fische mit Salz und Pfeffer und **Limettensaft** würzen, dann **Wein**, restlichen Grappa und **Olivenöl** darüber gießen und mit Folie abdecken. Im Ofen etwa 25 Minuten braten. Dann auf einer Platte warm stellen. Den **Bratenfond** durch ein Sieb abgießen. Die **Sahne** mit dem **Mehl** verrühren und in einem Topf aufkochen, bis die Sahne andickt. Den Bratenfond mit **Worcestersauce** und **Tomatenmark** abschmecken und die Butter einrühren. **Sahne** unterheben und die Sauce zu den gefüllten **Forellen** reichen.

[pesce

Für 4 Portionen

4 große küchenfertige Forellen ohne Gräten

4 Krebsschwänze

1/2 Bund Petersilie

1/2 Bund Estragon

80 g frisch geriebener Provolone

3 El Grappa

1 Ei

Worcestersauce

Salz

Pfeffer

Saft von 1 Limette

50 ml trockener Weißwein

2 EL Olivenöl

150 g Sahne

1 El Mehl

1 El Tomatenmark

40 g Butter

Zubereitungszeit 30 Minuten
(plus Brat- und Kochzeit)
Pro Portion ca. 620 kcal/2604 kJ
60 g E ∗ 33 g F ∗ 15 g KH

Aal mit Rosinen

Für 4 Portionen

1 kg küchenfertiger Flussaal ohne Haut
2 El Rosinen
200 g frische Steinpilze
1 Möhre
1 Zwiebel
2 Knoblauchzehen
4 El Olivenöl
Saft von 1/2 Zitrone
Salz, Pfeffer
20 g Butter
1 El Mehl
200 ml trockener Rotwein
50 ml Sherry
1 Nelke, 2 Lorbeerblätter
1/2 Bund Petersilie
1 Rosmarinzweig

Zubereitungszeit 40 Minuten
(plus Garzeit)
Pro Portion ca. 1010 kcal/4242 kJ
42 g E * 78 g F * 24 g KH

Aal in Stücke schneiden. **Rosinen** in heißem Wasser einweichen. **Pilze** putzen, waschen und in Scheiben schneiden. **Möhre** schälen und in Scheiben schneiden, **Zwiebel** und **Knoblauch** schälen und fein hacken. 2 El **Olivenöl** in einer Pfanne erhitzen und die Pilzscheiben darin andünsten. Nach 5 Minuten den **Zitronensaft**, **Salz** und **Pfeffer** zugeben und die Pilze vom Herd nehmen.

In einer zweiten Pfanne das restliche Öl mit der **Butter** erhitzen und **Gemüse** sowie **Zwiebel** darin 3 Minuten anschmoren, dann die **Aalstücke** zugeben und von allen Seiten gut anbraten. Aal aus der Pfanne nehmen und warm stellen. **Knoblauch** in die Pfanne geben und 2 Minuten dünsten, dann das **Mehl** so unterrühren, dass keine Klümpchen entstehen. **Rotwein**, **Sherry** und **Gewürze** zufügen und 150 ml Wasser angießen. Die Sauce 30 Minuten köcheln, dann durch ein Sieb passieren. **Petersilie** und **Rosmarin** waschen, trockenschütteln, Rosmarinnadeln abzupfen. **Kräuter** hacken und zuletzt unterheben. Die passierte Sauce mit abgetropften **Rosinen**, **Pilzen** und **Aalstücken** mischen. 20 Minuten köcheln. Dann servieren.

105

Langustenschwänze

Den Backofen auf 180 °C (Umluft 160 °C) vorheizen. Die **Langustenschwänze** gut waschen und trockentupfen, dann den **Zitronensaft** darüber träufeln und etwa 10 Minuten ziehen lassen.
In einem großen Schmortopf **Butter** und **Öl** erhitzen. Die Langustenschwänze mit **Mehl** bestäuben und im heißen Fett von beiden Seiten braten. Mit **Salz** und **Pfeffer** bestreuen. **Rosmarin** waschen und in den Topf legen, den **Wein** angießen. Die Langustenschwänze im Ofen etwa 12 Minuten backen. Dazu passt **Risotto**.

Für 4 Portionen

1 kg küchenfertige Langustenschwänze, vorgekocht

1 El Zitronensaft

100 g Butter, 1 El Olivenöl

50 g Mehl

Salz, Pfeffer

1 Rosmarinzweig

250 ml trockener Weißwein

Zubereitungszeit 15 Minuten (plus Backzeit)
Pro Portion ca. 560 kcal/2352 kJ
53 g E * 28 g F * 13 g KH

Gefüllte Miesmuscheln

Die **Miesmuscheln** unter fließendem Wasser gut abbürsten, geöffnete Muscheln wegwerfen. Den Backofen auf 200 °C (Umluft 180 °C) vorheizen. In einem großen Topf Wasser zum Kochen bringen und die Muscheln darin etwa 5 Minuten garen, bis sie sich geöffnet haben. Ungeöffnete Muscheln entfernen. Muscheln abgießen und abtropfen lassen.

Die **Eier** verquirlen und mit dem **Paniermehl** und dem **Käse** mischen. Die **Petersilie** unterheben und alles zu einer cremigen Masse schlagen. Die geöffneten Muscheln auf ein Backblech legen und die Eimasse darüber verteilen. Die Muschelschalen vorsichtig schließen und die Muscheln im Ofen etwa 15 Minuten backen.

Für die Sauce den **Knoblauch** schälen und fein hacken. Das **Öl** in einem Topf erhitzen und den Knoblauch darin andünsten. Die **Tomaten** zugeben und die Mischung etwa 10 Minuten bei mittlerer Temperatur köcheln. Mit **Salz**, **Pfeffer** und **Oregano** abschmecken.

Für 4 Portionen

1,5 kg Miesmuscheln

5 Eier

250 g Paniermehl

125 g frisch geriebener Pecorino

3 El frisch gehackte Petersilie

1 Knoblauchzehe

3 El Olivenöl

400 g passierte Tomaten

1 El frisch gehackter Oregano

Salz und Pfeffer

Zubereitungszeit 30 Minuten
(plus Backzeit)
Pro Portion ca. 768 kcal/3224 kJ
60 g E * 30 g F * 64 g KH

109

Gefüllte Tintenfische mit Kartoffeln

Für die Füllung die **Brötchen** in warmem Wasser einweichen. **Knoblauch** schälen und fein hacken. Die **Petersilie** waschen, trockenschütteln und hacken. Die Brötchen nach 10 Minuten gut ausdrücken. Brötchen mit den **Eiern**, einem Drittel des Knoblauchs und der Hälfte der Petersilie in einer Schüssel mischen, mit **Salz** und **Pfeffer** würzen. Die **Tintenfische** gut waschen und trockentupfen und die Füllung in die Körper geben (darauf achten, dass nur die Hälfte des Körpers gefüllt ist, da die Füllung sich beim Backen ausdehnt). Die Öffnungen mit Holzspießen zustecken. Den Backofen auf 160 °C (Umluft 140 °C) vorheizen. Die **Zwiebel** schälen und in Ringe schneiden. Die **Tomaten** heiß überbrühen, von Häuten, Stielansätzen und Kernen befreien und das Fruchtfleisch in Würfel schneiden. Die Kartoffeln waschen, schälen und in etwa 1 cm dicke Scheiben schneiden. **Pfefferschote** zerbröseln. Zwiebelringe, Tomatenwürfel und restlichen Knoblauch in eine große Form oder die Fettpfanne des Ofens legen, salzen und pfeffern und 3 El Wasser zugeben. Die **Kartoffelscheiben** darüber schichten, obenauf die Tintenfische legen. Mit Pfefferschote bestreuen und mit **Olivenöl** beträufeln.
Die Form mit Folie abdecken und die Tintenfische im Ofen etwa 1 Stunde garen. Heiß mit der restlichen Petersilie bestreut servieren.

Für 4 Portionen

2 Brötchen vom Vortag

3 Knoblauchzehen

1 Bund glatte Petersilie

2 Eier

Salz

Pfeffer

12 mittelgroße küchenfertige

Tintenfische mit Fangarmen

1 Zwiebel

2 große Tomaten

500 g Kartoffeln

1 getrocknete zerhackte Pfefferschote

4 El Olivenöl

Zubereitungszeit 45 Minuten
(plus Einweich- und Backzeit)
Pro Portion ca. 805 kcal/3381 kJ
104 g E ∗ 22 g F ∗ 46 g KH

Schalentiere waschen. **Muscheln** gut abbürsten. Mit 2 El **Olivenöl** in eine Pfanne geben und schmoren, bis sich die Schalen der Muscheln öffnen. Alles aus der Pfanne nehmen und das Fleisch aus den Schalen lösen. Beiseite stellen.

Fische waschen, trockentupfen und in Stücke schneiden. **Zwiebel** und **Knoblauch** schälen und fein hacken. **Pfefferschote** abtropfen lassen. **Tomaten** heiß überbrühen, häuten, von Stielansätzen und Kernen befreien und würfeln.

Fischstücke mit **Mehl** bestäuben. Restliches Öl in einem Bratentopf erhitzen und Zwiebel mit Knoblauch und Pfefferschote darin andünsten. Dann die **Tomaten** zugeben, mit **Salz** und **Pfeffer** abschmecken und die Sauce etwa 20 Minuten köcheln.

Sauce durch ein Sieb gießen und zurück in den Bräter geben. Die Fischstücke zufügen und bei geschlossenem Deckel etwa 15 Minuten darin garen. Schalentiere auslösen und mit dem **Essig** in den Eintopf geben und weitere 5 Minuten bei geringer Temperatur ziehen lassen. Die **Petersilie** unterheben.

Weißbrot in **Butter** rösten und auf Teller verteilen. Den Fischeintopf darüber geben und servieren.

Fischeintopf

Il pesce

Für 4 Portionen

1,5 kg gemischte küchenfertige Fische und Meeresfrüchte (z. B. Tintenfischstücke oder -ringe, Seebarbe, Meerasche, Petersfisch, Venus-, Miesmuscheln, Garnelen)

5 El Olivenöl zum Bestäuben

Mehl

1 Zwiebel

2 Knoblauchzehen

1 eingelegte Pfefferschote

500 g Tomaten

Salz

Pfeffer

2 El Weinessig

3 El frisch gehackte Petersilie

4 El Butter

4 Scheiben Weißbrot

Zubereitungszeit 45 Minuten (plus Schmor- und Garzeit)
Pro Portion ca. 675 kcal/2826 kJ
73 g E * 36 g F * 15 g KH

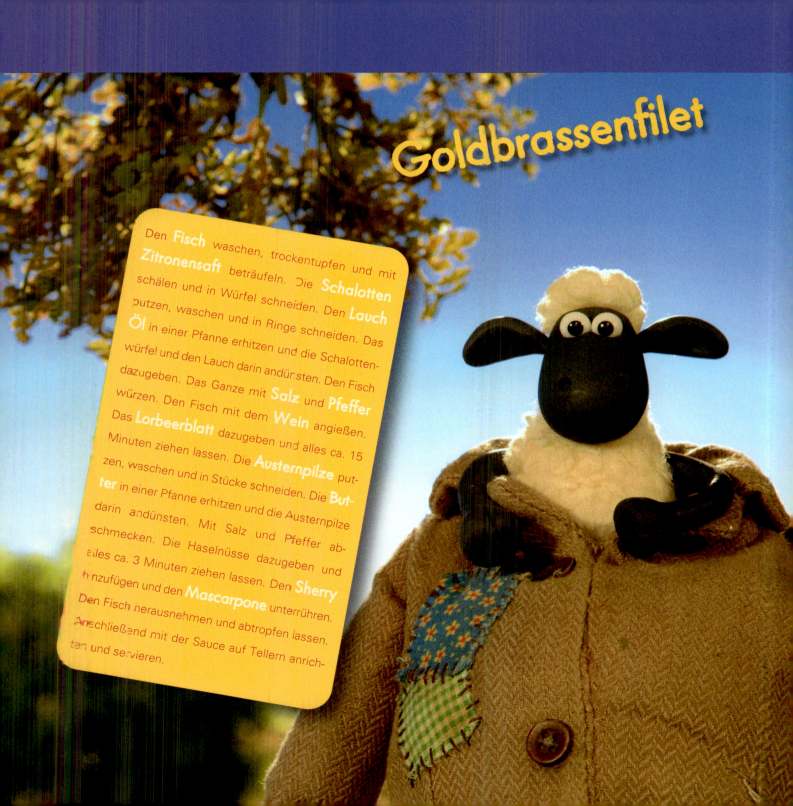

Goldbrassenfilet

Den **Fisch** waschen, trockentupfen und mit **Zitronensaft** beträufeln. Die **Schalotten** schälen und in Würfel schneiden. Den **Lauch** putzen, waschen und in Ringe schneiden. Das **Öl** in einer Pfanne erhitzen und die Schalottenwürfel und den Lauch darin andünsten. Den Fisch dazugeben. Das Ganze mit **Salz** und **Pfeffer** würzen. Den Fisch mit dem **Wein** angießen. Das **Lorbeerblatt** dazugeben und alles ca. 15 Minuten ziehen lassen. Die **Austernpilze** putzen, waschen und in Stücke schneiden. Die **Butter** in einer Pfanne erhitzen und die Austernpilze darin andünsten. Mit Salz und Pfeffer abschmecken. Die Haselnüsse dazugeben und alles ca. 3 Minuten ziehen lassen. Den **Sherry** hinzufügen und den **Mascarpone** unterrühren. Den Fisch herausnehmen und abtropfen lassen. Anschließend mit der Sauce auf Tellern anrichten und servieren.

Für 4 Portionen

4 Goldbrassenfilets (à 200 g)

3 El Zitronensaft

4 Schalotten

200 g Lauch

4 El Olivenöl

Salz

Pfeffer aus der Mühle

200 ml Weißwein

1 Lorbeerblatt

300 g Austernpilze

2 El Butter

125 g gehackte Haselnüsse

2 El Sherry

50 g Mascarpone

Zubereitungszeit: ca. 25 Minuten

Gefüllte Muscheln

Die **Muschelnudeln** nach Packungsanweisung zubereiten. Den **Fisch** waschen, trocknen, in kleine Stücke schneiden, mit **Zitronensaft** beträufeln und mit **Salz** und **Pfeffer** würzen. **Sellerie** putzen, waschen und in Stücke schneiden. Die **Schalotten** schälen und würfeln. Die **Kapern** abtropfen lassen. Das **Öl** erhitzen und die **Fischstücke** darin andünsten. Staudensellerie, Schalotten und Kapern dazugeben und alles mit Salz und Pfeffer würzen. Das Pesto unterrühren. Mit dem **Fischfond** angießen und weitere 4 Minuten ziehen lassen. Die Nudeln abgießen und mit der **Fischmasse** füllen. Alles auf Tellern anrichten und servieren.

Für 4 Portionen

20 große Muschelnudeln

700 g Lachsfilet

Zitronensaft

Salz

Pfeffer

200 g Staudensellerie

4 Schalotten

2 El Kapern

4 El Olivenöl

3 El Pesto (FP)

5 El Fischfond

Zubereitungszeit: ca. 25 Minuten

Langusten mit Avocado

Für 4 Portionen

4 Langustenschwänze

2 El Zitronensaft

Salz

1 Avocado

Butter für die Form

Pfeffer aus der Mühle

1 Bund Petersilie

80 ml Sahne

Zubereitungszeit ca. 20 Minuten (plus Garzeit)

Die **Langusten** waschen und trockentupfen. 2 l Wasser mit etwas **Zitronensaft** und **Salz** in einem Topf erhitzen und die Langustenschwänze darin ca. 10 Minuten kochen. Die **Avocado** halbieren und den Kern entfernen. Die Avocado schälen, in Spalten schneiden und anschließend mit dem restlichen Zitronensaft beträufeln. Eine ofenfeste Form mit **Butter** ausstreichen. Die Langustenschwänze herausnehmen, abtropfen lassen, den Panzer aufschneiden und das Fleisch herauslösen. Das Fleisch in Scheiben schneiden. Den Backofen auf 200 °C (Umluft 180°C) vorheizen. Die Fleischstücke in die Form legen und mit Salz und **Pfeffer** würzen. Die **Petersilie** waschen, trockenschütteln, fein hacken und über dem Langustenfleisch verteilen. Die Avocadospalten darauf schichten, alles mit der **Sahne** angießen und im Backofen auf der mittleren Einschubleiste ca. 20 Minuten garen.

Dorschschnitten

Für 4 Portionen

200 g schwarze Oliven ohne Stein

4 El Kapern

Je 1/2 Bund Basilikum und Oregano

8 El Olivenöl

4 Dorschkoteletts (à 200 g)

3 El Zitronensaft

Salz

Pfeffer

3 El Butterschmalz

80 g Zitronenbutter

Zubereitungszeit: ca. 20 Minuten

Die **Oliven** und die **Kapern** abtropfen lassen und anschließend mit dem Schneidstab des Handrührgerätes pürieren. Die **Kräuter** waschen, trocknen, fein hacken und mit dem **Olivenöl** unter die Olivenmasse rühren. Die **Dorschkoteletts** waschen, trocknen und mit dem **Zitronensaft** beträufeln. Mit **Salz** und **Pfeffer** würzen. **Butterschmalz** erhitzen und die Koteletts darin von jeder Seite ca. 7 Minuten braten. Alles zusammen auf Tellern anrichten und mit der **Zitronenbutter** garniert servieren.

1 pesce

121

122

Süßes

Zuppa Inglese

Den Backofen auf 200 °C (Umluft 180 °C) vorheizen. Für den Teig die **Eier** trennen. Eigelb mit **Puderzucker** und **Vanillezucker** schaumig rühren. Die Eiweiß steif schlagen und vorsichtig unterheben. **Mehl** und **Speisestärke** mischen und über die Creme sieben. Mit dem Schneebesen gut untermischen. Den Teig auf ein mit Backpapier ausgelegtes Backblech streichen und im Ofen etwa 15 Minuten goldgelb backen. Den Biskuit nach dem Backen auf ein Kuchengitter stürzen und abkühlen lassen. Das Papier vorsichtig abziehen. **Vanillemark** und **Milch** mischen und in einem Topf mit etwas **Salz** erhitzen. Die Eigelb mit dem **Zucker** schaumig rühren, Mehl und **Maisstärke** zugeben und untermischen. Den Topf mit der Vanillemilch vom Herd nehmen und die Eicreme unterheben. Den Topf wieder auf den Herd setzen und so lange weiter rühren, bis die Masse andickt. Sie darf nicht kochen. Die Creme vom Herd nehmen und unter gelegentlichem Umrühren gut auskühlen lassen. Inzwischen den Biskuitteig in breite Streifen schneiden. Die **kandierten Früchte** würfeln. Eine Auflaufform abwechselnd mit Biskuitstreifen, Creme und kandierten Früchten füllen. Die Teigstreifen mit **Amaretto** beträufeln. Die **Sahne** schlagen und mit dem **Mascarpone** verrühren. Als Abschluss auf der letzten Biskuitschicht verteilen und mit kandierten Früchten verzieren. Vor dem Servieren mindestens 3 Stunden gut kühlen.

Süßes

Für 4 Portionen

Biskuitteig

3 Eier

50 g Puderzucker

1 Päckchen Vanillezucker

40 g Mehl

50 g Speisestärke

Füllung

Mark von 1 Vanilleschote

500 ml Milch

Salz

4 Eier

65 g Zucker

20 g Mehl

1 EL Maisstärke

125 g kandierte Früchte

4 EL Amaretto

200 g Sahne

50 g Mascarpone

Zubereitungszeit 30 Minuten
plus Back- und Kühlzeit
Pro Portion ca. 806 kcal, 3381 kJ
30 g E, 44 g F, 71 g KH

Für 4 Portionen

4 Nektarinen
200 g Löffelbiskuits
4 cl Amaretto
50 g geriebene Mandeln
3 EL Zucker
1 Msp. Vanille- und Zimtpulver
5 EL Butter
3 Eigelb
Butter für die Form

Zubereitungszeit ca. 25 Minuten
(plus Backzeit)

Gefüllte Nektarinen

Die **Nektarinen** waschen, kreuzweise einschneiden, kurz in siedendes Wasser tauchen, häuten, halbieren, entkernen und etwas aushöhlen. Das Fruchtfleisch in Würfel schneiden. Den Backofen auf 160 °C (Umluft 140 °C) vorheizen. Die **Biskuits** zerbröseln und mit Fruchtfleisch, **Mandeln, Zucker, Vanille- und Zimtpulver** vermengen. Das Nektarinenfruchtfleisch zugeben. **Butter und Eigelb** unterpressen. Die Masse in die Nektarinen füllen und in eine gebutterte Form geben. Das Ganze in ca. 10 cm auf der mittleren Einschubleiste ca. 15 Minuten backen. Anschließend mit etwas Amaretto beträufeln und sofort servieren.

Für 4 Portionen

250 g Gnocchi aus dem Kühlregal

500 ml Traubensaft

Je 150 g blaue und grüne Trauben

3 El Zitronenbutter

Vanillezucker

Zimt- und Nelkenpulver

4 cl Obstessig

Zubereitungszeit ca. 15 Minuten

Die **Gnocchi** nach Packungsanweisung in **Traubensaft** mit Wasser garen. Die **Trauben** abzupfen, waschen, halbieren und die Kerne entfernen. Die Gnocchi abgießen und abtropfen lassen. Die **Butter** erhitzen und die Gnocchi mit den Trauben darin ca. 6 Minuten braten. Mit **Vanillezucker, Zimt- und Nelkenpulver** und **Obstessig** würzen. Alles auf Tellern anrichten.

128

Gnocchi
mit Trauben

129

Espresso - Creme

Für 4 Portionen

200 ml Kaffeesahne

7 El Espresso-Instant-Pulver

300 g Mascarpone

2 El Zucker

180 g Schoko-Kaffeebohnen

Zitronenmelisse zum Garnieren

Zubereitungszeit ca. 10 Minuten

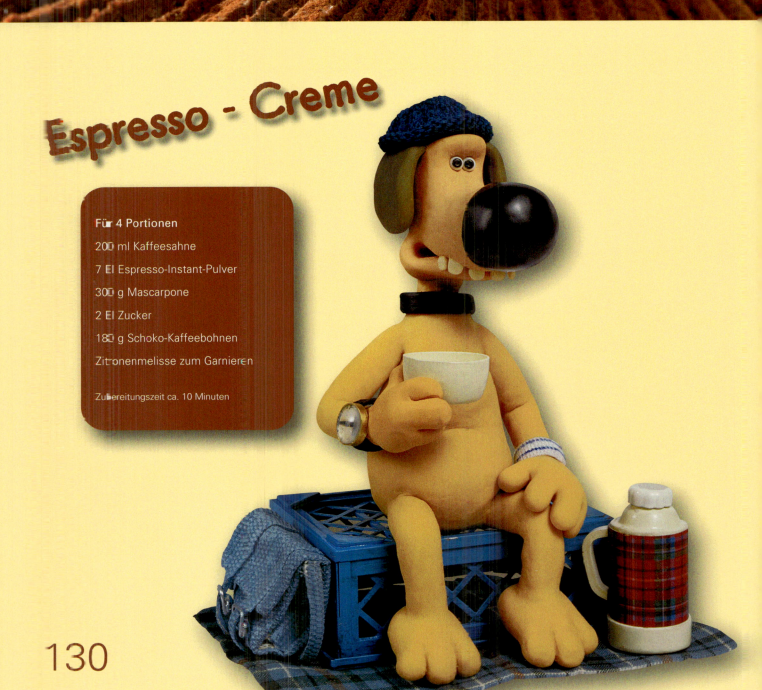

Süßes

Die **Kaffeesahne** in einem Topf erhitzen und das **Espressopulver** unterrühren und darin auflösen. Anschließend abkühlen lassen und den **Mascarpone** mit dem **Zucker** unterrühren. Die Hälfte der **Schokobohnen** unterrühren. Alles in Gläser füllen und mit den restlichen Bohnen und der **Zitronenmelisse** garniert servieren.

Für 4 Portionen

6 Eigelb

2 Eier

4 El Zucker

400 ml Marsala

Zitronenmelisseblättchen

Zubereitungszeit ca. 10 Minuten

Das **Eigelb** mit den **Eiern** und dem **Zucker** in eine Schüssel geben und in einem warmen Wasserbad mit einem Schneebesen schaumig aufschlagen. **Marsala** nach und nach unterrühren und so lange weiterrühren, bis die Masse dickflüssig ist. Das Ganze anschließend in Gläser füllen und mit **Zitronenmelisseblättchen** garniert servieren.

Zabaione

Ricottaeis

Für 4 Portionen

125 ml Espresso

500 g Ricotta

100 g Zucker

4 Eigelb

3 El Sahne

1 Tl Vanillezucker

4 El Marsala

2 El Kakaopulver

Zubereitungszeit 15 Minuten
(plus Zeit zum Gefrieren)
Pro Portion ca. 428 kcal/1796 kJ
20 g E   24 g F   33 g KH

Den **Espresso** erkalten lassen. Den **Ricotta** durch ein Sieb streichen und mit dem Espresso verrühren. **Zucker** und **Eigelb** schaumig rühren, die **Sahne** steif schlagen, **Vanillezucker** und **Marsala** unterrühren. Espresso-Ricotta und Eischaum miteinander verrühren und die Sahne unterheben. Die Masse in eine Schüssel oder rechteckige Form geben und mit Klarsichtfolie abdecken. Im Gefrierschrank etwa 3 Stunden fest gefrieren lassen. Anschließend das Ricottaeis mit einem Eisportionierer auf Schälchen verteilen oder in Scheiben schneiden und anrichten. Mit **Kakaopulver** bestreut servieren.

Für 4 Portionen

350 g frische Esskastanien (Maronen)

1 Tl Vanilleextrak

3 El brauner Rum

65 g brauner Zucker

175 g Sahre

Saft von 1 kleinen Orange

Zubereitungszeit 30 Minuten
(plus Gar- und Kühlzeit)
Pro Portion ca. 350 kcal/1470 kJ
3 g E * 15 g F * 49 g KH

Maronenmousse

Die Schale mit einem Messer einritzen und die **Kastanien** in kochendem Wasser etwa 20 Minuten garen, bis die Schale aufplatzt und die Kastanien weich sind. Aus dem Wasser nehmen, abtropfen und abkühlen lassen. Dann schälen und pürieren. Kastanienpüree in einer Schüssel mit dem **Vanilleextrakt, Rum** und **Zucker** mischen und kühl stellen.
Die **Sahne** steif schlagen und allmählich den **Orangensaft** unterrühren. Orangensahne mit dem Kastanienpüree gut vermischen, in Portionsschälchen füllen und 3 Stunden in den Kühlschrank stellen.
Die Kastanienmousse mit Eis oder einer Schokoladensauce servieren.

Für 4 Portionen

4 Blatt weiße Gelatine

250 g Sahne

250 ml Milch

1 Vanilleschote

3 El Zucker

1/2 Tl abgeriebene Schale einer unbehandelten Zitrone

2 El Marsala

4 Pfefferminzblättchen

Zubereitungszeit 20 Minuten (plus Koch- und Kühlzeit)
Pro Portion ca. 288 kcal/1208 kJ
5 g E * 21 g F * 21 g KH

Die **Gelatine** in kaltem Wasser einweichen. **Sahne** und **Milch** in einen Topf geben, die **Vanilleschote** aufschneiden und das Mark herauskratzen. Zu Sahne und Milch geben. Den **Zucker** und die **Zitronenschale** unterrühren und die Mischung aufkochen lassen. Bei geringer Temperatur etwa 10 Minuten köcheln. Die Gelatine gut ausdrücken und in die Sahne-Milch geben, unter Rühren darin auflösen. Anschließend den Topf vom Herd nehmen. Die **Panna cotta** in kalt ausgespülte runde Förmchen füllen und mindestens 6 Stunden kühl stellen, bis sie fest geworden ist. Danach die Panna cotta auf Teller stürzen, mit **Marsala** beträufeln und **Pfefferminzblättchen** dekorieren.

Panna Cotta

Tiramisú

Für 4 Portionen

4 Eigelb

100 g Zucker

300 g Mascarpone

100 g Löffelbiskuits

2 El Weinbrand

250 ml kalter Espresso

Kakaopulver zum Bestäuben

Zubereitungszeit 30 Minuten
(plus Kühlzeit)
Pro Portion ca. 685 kcal/2877 kJ
32 g E ◆ 36 g F ✳ 44 g KH

Das **Eigelb** in einer Schüssel sehr schaumig rühren, dann nach und nach den **Zucker** zugeben und unterrühren. Die Creme ins Wasserbad stellen und weiter rühren, bis sich der Zucker gut aufgelöst hat. Den **Mascarpone** löffelweise zur Creme geben und mit dem Handrührgerät untermischen.

Eine rechteckige Form mit der Hälfte der **Biskuits** auslegen. Den **Weinbrand** in den **Espresso** rühren und die Biskuits mit gut der Hälfte der Flüssgkeit tränken. Die Hälfte der Mascarponecreme darauf geben. Die restlichen Biskuits darüber legen und mit dem restlichen Kaffee begießen. Den Rest der Creme darüber verteilen.

Tiramisù mindestens 8 Stunden oder über Nacht in den Kühlschrank stellen. Danach das **Kakaopulver** darüber sieben und bei Zimmertemperatur servieren.

Für 4 Portionen

8 frische Feigen

35 g gehackte Walnüsse

2 El Honig

2 El trockener Marsala

80 g Mascarpone

80 g Vollmilch-Schokolade

Zubereitungszeit 30 Minuten
(plus Backzeit)
Pro Portion ca. 412 kcal/1732 kJ
13 g E ∗ 17 g F ∗ 50 g KH

Gefüllte Feigen

Die **Feigen** waschen, unten gerade abschneiden, damit sie stehen können und oben etwa 2 cm tief kreuzweise einschneiden. Den Backofen auf 200 °C (Umluft 180 °C) vorheizen.

Die gehackten **Nüsse**, **Honig**, **Marsala** und **Mascarpone** gut miteinander mischen. Die Feigen etwas aufdrücken und diese Mischung hineingeben. Die Feigen auf ein Backblech oder in eine Auflaufform stellen und im Ofen etwa 12 Minuten backen. Die **Schokolade** im Wasserbad schmelzen und nach dem Backen über die Feigen geben. Die Feigen sofort servieren.

Register

Aal mit Rosinen	104	Nudeln mit grünem Spargel	54
Bohnensuppe mit Pasta	32	Panna Cotta	138
Bruschetta	10	Parmaschinken mit Melone	12
Cannelloni	50	Pizza Capricciosa	70
Carpaccio	18	Pizza frutti di mare	72
Crostini mit Hühnerleber	14	Polenta mit zwei Saucen	64
Dorschschnitten	120	Ravioli di carne e spinaci	46
Espresso-Creme	130	Ricottaeis	134
Fischeintopf	112	Rigatoni al pesto	52
Frittatensuppe	34	Risotto Mailänder Art	58
Gefüllte Feigen	142	Risotto mit Trüffeln	62
Gefüllte Forellen	102	Risotto nero	60
Gefüllte Muscheln	116	Rotbarben mit Pancetta	98
Gefüllte Nektarinen	126	Seebarsch mit Olivensauce	94
Gefüllte Tintenfische	110	Spaghetti ala Bolognese	42
Gegrillte Miesmuscheln	108	Spargelkuchen	78
Gegrillter Thunfisch mit Sardellen	100	Spinat in Blätterteig	84
Gnocchi mit Trauben	128	Steinpilzcremesuppe	36
Goldbrasse mit Zwiebeln	90	Stockfischpfanne	96
Goldbrassenfilet	114	Tiramisú	140
Insalata Caprese	16	Tortellini ai funghi	44
Käsepizza	76	Überbackene Polenta	66
Käse-Schinken-Torte	80	Überbackene Seezungenfilets	92
Langusten mit Avocado	118	Wilde Knoblauchcremesuppe	38
Langustenschwänze	106	Zabaione	132
Lasagne	48	Zuppa di fagioli alla fiorentina	30
Lauchkuchen	86	Zuppa di zucchini	24
Mangoldkuchen	82	Zuppa Inglese	124
Marinierte Sardinenfilets	21	Zwiebelpizza	74
Maronenmousse	136	Zwiebelsuppe	28
Minestrone aus Mailand	26